KB203035

솔로몬 지혜와 축복

인생의 진정한 행복

솔로몬 지혜와 축복

인생의 진정한 행복

장 재 명 박사지음

열린서원

솔로몬 지혜와 축복

인생의 진정한 행복

지은이   장재명

발행처   열린서원
발행인   이명권
발행일   2024년 1월 10일

주 소   서울특별시 종로구 창덕궁길 117, 102호
전 화   010-2128-1215
팩 스   02) 2268-1058
전자우편   imkkorea@hanmail.net
등록번호   제300-2015-130호(1999년)

값 30,000원
ISBN 979-11-89186-41-8   03230

솔로몬 지혜와 축복

인생의 진정한 행복

"지혜자의 입의 말은 은혜로우나 우매자의 입술은 자기를 삼키나니"

- 전도서10장12절

"人生은 造物主의 뜻에 따라 움직일 때 幸福 할수 있다."

- 장재명 목사드림

　솔로몬의 지혜서를 작성하고 싶은 마음은 신학교 때 교수님과 의논하며 시작되었다. 먼저 작성하는 책이 있어 뒤로 미루어 오다가 이제는 오늘 설교 시간에 마음을 굳히고 작성하게 되었다. 이 솔로몬의 지혜서를 읽게 되면서 혼자 깨달아 알았던 사항을 모든 이에게 전해주고 싶은 생각이 들어 집필을 시작하게 되었다.

　이 책은 3000년경(BC970-950) 전의 고서로서 유대인들의 탈무드로도 알려지지만 본문 그대로 연구 관계자들의 견해를 들어 이해해 보는 과정을 가지기로 한 것이다. 많은 이들은 솔로몬을 위대한 지혜의 인물로 알고 있기도 하다. 그러나 그는 지혜와 부귀, 영화가 있었지만 자신은 돌이킬 수 없는 길을 갈 수밖에 없게 되었다.

　솔로몬은 다윗인 아버지에 하나님의 권능을 보면서 다윗의 사후 하나님께 1,000제(1,000번째 제사)를 드리며 거룩한 하나님의 은혜를 입게 되고 지혜를 받게 되면서 지략가로 열국의 그 제왕으로 누리게 된 것이다. 그러나 인생의 뒤안길에서 그는 회고록을 집필하게 되는

데 하나님께서 주신 그 지혜로운 소리가 가히 우리에게 알려주는 바가 귀한 자료를 전해주기에 그가 겪은 실제의 삶을 귀한 고백으로 전하기에 이른다. 솔로몬 자신과 같은 이러한 헛되고 무의미함으로 인생의 허무한 삶을 이글을 보는 이로 하여금 살지 말라고 애원하는 그 소리를 들을 수 있게 되었으면 하는 바람으로 집필을 하게 되었기에 귀한 순간순간으로 느끼어 보기 바라는 마음이다.

우리 모두는 초보자로서 함께 생각해 본다. 우리는 세상이라는 여행지에 와서 시험을 치고 있다. 우리가 한번 쳐보지 않은 시험을 본다. 아무도 가르쳐주지 않은 길을 간다. 우리는 처음 치르는 시험이기에 누구나 평등한 초보자다. 돛대 없는 노를 젓고 망망대해를 향해 하지만 그대 누가 바른 나침판을 잡냐가 중요하다. 바울 선생은 우리에게 가르쳐 주셨다. 천국은 끝까지 경주하는 자만 얻을 수 있는 쟁취라고, 부디 승리하는 삶을 이루시길 바랄 뿐이다.

이 책은 목회 일선에서 복음을 선포하시는 목회자분들과 신학을 공부하는 신학도 및 중요한 시기인 청소년에게 삶의 좋은 지침서가 될 것이다. 또한 이러한 지혜로운 삶은 궁극적으로 하나님과의 적극적 관계로만이 인생의 행복을 찾을 수 있고 진정 행복한 삶으로 풍요롭게 생을 마감할 수 있다고 제시하는데 그 의미는 우리를 감동과 희망을 주기에 충분할 것으로 사료 되며 이 책속의 좋은 글을 보며 서로 나누는 시간으로 결실 갖기 바라며 더 연구하여 좋은 시간으로 은혜 나누기 바라는 마음으로. 환갑을 지내면서 하나님의 축복에 감사드리며 집필을 합니다.

2024. 1. 1.

수원 그리스도의 교회
장재명 담임목사

솔로몬 지혜와 축복

인생의 진정한 행복

전도서의 표면은 불교의 무신(無神), 무상(無相)과 무아(無我)를 이야기하는 것처럼 보인다. 서론(1:2)과 결론(12:8)은 헛되고 헛되며 헛되고 헛되니 모든 것이 헛되다고 말하기 때문이다. 그러나 이면(혼네)은 계시의존신앙 즉 그리스도 전도자의 역설적 관점에서 볼 때 비관적 낙관의 즐거운 기쁨을 강조한다.

시가문학 오중주의 숨쉼결(潔)

① 욥기 고난의 영성(욥 5:7; 7:3, 11, 18, 20). 그리스도✟고통의 인큐베이터(incubator) 체험을 통한 내면의 성숙이다.

② 시편은 시냇가에 심은 나무(시 1:3) 숲의 하늘 뿌리의 영성이다. 시인의 탄식 후 회개 감사 찬양 영광을 돌리는 하늘 예전의 예배이다.

③ 잠언은 일상 가운데 지혜 활용의 영성이다. 이 세상의 냉정한 논리(심리의 인정법) 넘어 심령체험의 영원법-자연법 즉 과부 고아 나그네 아이와 장애인을 통치하신다.

④ 아가서는 그리스도와 신인연합-동거하는 영성 신학적 영적 성

품적 실재적 현재의 임재을 보여준다. 간극 깃든 기독론적 신비

연합(mystica unitatis cum Christo = unitatis mystica)과 신비주의

연합(unio hypostatica = the hypostatic union)은 구별한다.

⑤ 전도서는 해 아래 헛되고 헛된 허상을 깨닫는 하늘 참회록의 영

성이다. 헛된 비관(悲觀)을 주의 낙관(기뻐하라)으로 극복하는 초

연한 삶이다. 전도서는 끝만 낙관이 아니다(2:24-26; 3:10-15;

5:1-7; 5:1-7; 5:18-20; 9:7-10). 그리스도 없는 세상사는 바람 잡

는 일이다. 반기 이기 시기 사기와 허기(虛氣)의 절망을 통해 의

미 보람과 자긍심 넘치는 일의 결국은 주를 경외하고(전 12:13)

일상의 삶을 이웃과 함께 즐거하고 기뻐하는 것이다.

장재명 목사가 속한 수원(水源) 「그리스도의 교회」는 미국 제 16대

아브라함 링컨(Abraham Lincoln, 1809-65, 56세 노예해방자), 제 20대 가

필드(James Abram Garfield 1831-81, 50세)와 제 40대 로날드 레인건

(Ronald Reagan 1911-2004, 93세) 대통령이 소속한 교단의 영향력을

보여준다. 코로나 19 이후 목마르고 메마른 마음에 「책을 읽는 사

람」(Homo Bookus 호모 부커스) 가운데 하늘 이슬이 내리는 기쁨을 사

모하면서 전도서의 일독을 단심(丹心)으로 추천하는 바이다.

2024. 1. 2. 성서주일

시인 최성대 목사 수사修士 (Th.M, H Ph.D)

기독교학술원설교클리닉-라이프영성원 교수

솔로몬 지혜와 축복
인생의 진정한 행복

　〈시가서〉에서 천국에 해당하는 책이 솔로몬의 아가서라고 하면 연옥에 해당하는 책이 〈욥기서〉라고 한다. 또한 지옥에 해당하는 책이 바로 전도서라고 하는데 과연 허무의 지혜를 말하는 책인 솔로몬의 전도서는 지옥의 책인가. 인간이 희망이 없고 바람이 없을 때 무기력해지고 '죽음의 이르는 병'처럼 소망이 없어짐으로 삶의 의욕이 사라지면서 지옥과 같은 인생을 말한다고 할 수 있다. 이번에 내는 장박사의 〈솔로몬 지혜와 축복: 인생의 진정한 행복〉이라는 책은 역설적이고 아이러니하게 허무하지 않은 인생, 하나님을 경외하는 인생이 바로 축복이요 진정한 행복이라는 주제로 주석적인 연구와 설교, 책을 저술하고 있다.

　천국에 이르게 하는 좋은 안내서로서 이 전도서는 허무의 지혜를 통해 하나님의 지혜와 천국의 내비게이션이라는 논지를 이끌어간다. 저자가 목회 일선에서 복음을 선포하는 목회자와 신학도, 청소년들에게 삶의 좋은 지침서가 되기를 바라는 저작 동기에서 보듯 전도서의 지혜가 모든 사람들에게 행복을 찾는 지침서가 될 수 있음을 알게 된다. 그래서 지혜로운 삶은 궁극적으로 하나님과의 적극적 관계를 갖을 때 '인생의 행복을 찾을 수 있고 진정 행복한 삶으로 풍요롭게 생을 마감할 수 있다'고 주장한다. 따라서 이 전도서가 생의 의미를 묻는데서 우리에게 감동과 희망을 주기에 충분하다고 역설한다.

전도서의 허무(헛된, 헤벨리즘)는 인생의 모든 대표 단수들(솔로몬, 불교의 공空사상)을 넘어 진정한 가치와 참된 경외(하나님 신앙) 안에서 회복 될 수 있음을 말한다. "일의 결국을 다 들었으니(소프 다바르 하콜 니쉬마) 하나님을 경외하고(에트 하엘로힘 예라) 그의 명령들을 지킬지어다(웨에트 미쪼타이오 쉐모르) 이것이 모든 사람의 본문이니라(키 제 콜 하아담)"(전12:13). 허무한 인생 가운데 전도자(코헬레트)는 인생의 분복과 때(카이로스)의 분별, 떡을 분산하며 보관(투자의 지혜), 즐거워하며 사는 지혜 등의 인생의 지혜를 잠언보다 더 깊이 있는 통찰로서 제시한다. 사서삼경의 동양적 지혜를 엿볼 수 있는 처세술도 살필 수 있다. 장박사의 주석은 원어에 기반한 논술과 고대근동의 문화 등을 문헌적 조사를 통해 제시하고 있어서 읽는데 재미있게 읽을 수 있고 가독성이 높아서 자주 보면서 전도서를 설교하게 될 것이다. 따라서 장박사의 이번 전도서 주석을 높이 평가하며 일독을 적극 추천한다.

"전도자(코헬렛)의 세계는 영원하다. 말씀의 영원성으로 말미암아 말씀(토라) 안에 거하는 전도자는 하나님의 세계 안에 거하기에 영원하리라" "내가 주의 율례들을 영원히 행하려고 내 마음을 기울였나이다"(시119:112).

"주의 의는 영원한 의요 주의 율법은 진리로소이다"(시119:142).

"주의 증거들은 영원히 의로우시니 나로 하여금 깨닫게 하사 살게 하소서"(시119:144).

박신배(강서대 구약교수)

장재명 목사는 〈구속사와 희년〉에 관한 논문으로 박사학위를 받은 바 있다. 그 후 〈축복의 은혜〉라는 설교집과 계속되는 연구를 통해 〈다니엘과 세 친구, 그리고 요엘, 아모스〉라는 강해 설교집을 내면서, 이제는 〈솔로몬 지혜와 축복〉이라는 저술까지 발간하게 되었다. 목회 일선에서 중단 없는 노력과 기도의 결실로 은혜의 설교집을 연속적으로 간행하게 된 것을 진심으로 축하드리면서 강단의 은혜에서만 멈추지 않고 문자를 통한 전국적인 한국교회 성도들에게도 은혜를 끼치는 문서선교의 큰 역할을 하고 있는 것이다.

본서 〈솔로몬 지혜와 축복〉은 지혜자 솔로몬의 잠언이라고 할 수 있는 〈전도서〉에 대한 강해 설교로서 저자가 밝히듯이 '인생의 진정한 행복'이 무엇인가를 묻고 답하는 성서적 격언이다. 주지하듯이 전도서는 '인생 허무의 실상과 원인'에 대한 논제로 서두를 시작한다. 그러면서 인생의 허무를 극복하는 방법도 밝히고 있다. 더 나아가서 사회와 개인에 나타나는 온갖 모순들을 보여 주면서 참 지혜와 하나님 없는 인생의 비참함도 동시에 밝혀주고 있다. 결국 하나님의 지혜를 따르는 자의 참 지혜자의 모습과 그로 인해 인생의 완성을 회복하는 윤리적 결단과 여호와를 경외하는 자의 실천적 결단이 어떠한지를 본서는 잘 보여주고 있다. 장재명 박사의 또 하나의 역작인 본서 〈솔로몬 지혜와 축복〉의 일독을 권한다.

이명권 박사

 목차

솔로몬 지혜와 축복

인생의 진정한 행복

I. 서 론

1. 전도서에 관하여

솔로몬 왕은 어떤 의미로 보나 모든 것을 소유한 행복한 사람이었다. 사람들은 그를 우러러보았으며 그가 누리는 축복의 그늘에 잠시 쉬어가는 것을 유일한 낙으로 그리워했다. 그러나 세월이 지나고 그의 눈가에 잔주름이 하나 둘 더해졌을 때, 지평선 멀리 기울어가는 석양 빛 마냥 허망하게 사위어가는 자신의 인생을 돌아보며 왕은 깊은 탄식을 밟히게 되었다. "헛되고 헛되며 헛되고 헛되니 모든 것이 헛되도다"(1:2).

그는 바라던 모든 재물을 소유했고, 원하던 모든 쾌락을 다 맛보았으며, 하고픈 모든 일을 다 성취했다. 그러나 그 모든 것들은 자신의 호흡이 끊기는 순간 무로 돌아갈 참으로 허망한 것이었다. 따라서 솔로몬 왕은 만일 인간의 내면 깊숙이 영원을 사모하는 마음을 주신 창조주의 뜻을 쫓아 그분의 나라를 고대하며 그분을 경외하는 가운데 하루하루를 겸허하고 성실하게 살아가지 않는다면, 실로 인생은 좌절과 허무뿐임을 절실히 깨닫게 되었다. 그는 이윽고 붓을 들었다. 비록 그의 생애는 종말을 눈앞에 두고 있었지만 그는 자신의 전철을 밟아 헛되이 이 땅에서 수고할 후세들에게 진정한 행복의 길을 제시해 주고자 자신의 소중한 깨달음을 글로 남기기를 원했던 것이다.

본서는 크게 두 부분으로 나눌 수 있다. 첫째는 1~6장까지로서 인생의 허무를 집중적으로 논하는 부분이며, 둘째는 7~12장까지로서 주로 허무한 인생을 살아가는 인간에게 충고를 해주는 부분이다. 즉 인간이 허무를 극복하고 의미있는 삶을 누리기 위해서는 하나님과 적극적인 관계를 가져야 한다고 말한다.

본서의 저자는 허무한 인생을 슬기롭게 살아가는 길로서 하나님을 경외하며 그 말씀을 따라서 살아가는 것을 제시한다. 오늘날 많은 사람들은 물질문명이 주는 일시적 행복에 젖어 진정 추구해야 할 영원한 행복을 보지 못하고 있다. 그들은 그들의 인생이 끝나는 그 순간까지 이 사실을 깨닫지 못한 채 인생은 허무뿐이라는 외마디 탄식으로 그들의 생애에 종지부를 찍곤 한다. 본서는 바로 그러한 인생들에게 후회 없는 삶의 비결을 뚜렷이 제시해 준다. 그리고 이미 그 비결을 깨달은 우리 믿는 자들에게는, 우리의 모든 삶이 장차 그분 앞에서 밝히 드러날 것임을 명심하고 하루하루를 오직 그분을 경외하는 심령으로 살아갈 것을 엄숙히 일깨우고 있다.

2. 전도서의 기록연대와 장소

솔로몬 치세 말기인 B.C. 935년경 예루살렘에서 기록하였다.

3. 전도서의 메시지

창조자에 대한 믿음을 갖는 시기가 빠르면 빠를수록 좋다. 전도자는 사람이 젊은 나이에 일찍 창조주에 대한 믿음을 가질 것을 요구한

다. 인생의 황혼기, 육체적으로 정신적으로 힘이 쇠잔해지는 노년기
가 되기 전 젊은 날에 신앙을 가질 것을 권면한다. 여기에는 신앙과
연륜 사이에 어떤 긴밀한 관계가 있음을 암시한다. 어린 시절이나 젊
은 시절이 노년기보다는 신앙을 가질 수 있는 더욱 순수한 단계일 것
이라는 고려가 전제되어 있다. 그뿐만 아니라 젊은 날부터 갖기 시작
한 믿음은 한평생 동안 한 개인의 인생을 잘 안내할 것이라는 생각도
들어 있다. 믿음이라는 것이 단순한 신앙 고백만이 아니라, 삶 속에
서 힘 있게 실천되는 것이기 때문에 노년기보다는 청년기에 신앙의
실천을 더욱 효과적으로 할 수 있다. 지혜 교사인 코헬렛의 활동, 그
에게서 배우는 독자들에게 주는 편집자의 권면은 인간의 본분을 지
키라고 하는 것인데, 세상사 헛되다는 것 알았으면 하나님 경외하고
하나님의 명령 지키고, 심판에 대비하여 살라고 한다.

II. 전도서 본문 주석

1. 인생 허무의 실상과 원인(1:1~2:23)

〈전도서 1장〉

1. 다윗의 아들 예루살렘 왕 전도자의 말씀이라

1절 이것은 편집자가 붙인 것이다. 전도서 안에서 이와 같이 편집 활동의 결과라고 생각되는 구절들은 이것 외에, "전도자가 가로되", "전도자가 지혜로움으로 여전히 백성에게 지식을 가르쳤고", "전도자가 힘써 아름다운 말을 구하였나니..." 등에서도 볼 수 있다. "다윗의 아들 예루살렘 왕"은 솔로몬 왕을 가리키는 말이다. 그는 자신을 왕이라고 했다.

2. 전도자가 이르되 헛되고 헛되며 헛되고 헛되니 모든 것이 헛되도다

2절 본 절에서 솔로몬과 같이 지혜롭고 부유하며, 수많은 첩들을 둔 자가 "모든 것이 헛되다"라고 한 것은 그가 한때 이방 여인과 연락하다가 하나님의 책망을 받고, 하나님을 떠난 인생의 허무함을 절실히 느낀 자로서 이를 고백한 것으로 보인다.

3. 해 아래에서 수고하는 모든 수고가 사람에게 무엇이 유익한가

3절 "해 아래에서" 즉 이는 초월적이시고 영원하신 하나님이 거하시는 하늘과 대조되는 이 땅의 유한하고 제한적인 존재들이 사는 삶의 영역을 뜻하는 것으로 볼 수 있다. 하나님 없는 인간의 영역을 말한다. 이것이 전도자의 허무주의에 대한 전제 조건이 된다. 즉 전도자가 강력히 부정하려는 것은 하나님 없이 사는 불신앙적인 삶 전체를 말한다. 따라서 하나님 없는 곳에는 허무주의만이 있을 뿐이다.

"수고하는 모든 수고가 사람에게 무엇이 유익한가" 이는 부정적 답변을 유도해내는 역설적인 질문이다. 즉 이 세상에서의 모든 수고가 유익하지 못하다는 것이다.

4. 한 세대는 가고 한 세대는 오되 땅은 영원히 있도다

4절 "한 세대는 가고 한 세대는 오되" 본 구절은 유한한 인생의 무상함을 표현한 것으로 본서의 전제 '모든 것이 헛되도다'라는 말에 부응한다. "땅은 영원히 있도다" 이는 하나님께서 그 기초를 놓으셔서 항상 견고히 존재토록 하신 땅은 변함없이 존속하리라는 생각에 근거해 언급한 말로서 인생의 가변성, 무상함을 더욱 극적으로 드러낸다.

5. 해는 뜨고 해는 지되 그 떴던 곳으로 빨리 돌아가고

5절 해가 단조롭고, 덧없이 아침에 떴다가 저녁에 지며 밤새 다시 그 떴던 그곳으로 가서 아침에 뜬다는 뜻으로서 해의 운행의 무료함과 무상함을 암시한다.

6. 바람은 남으로 불다가 북으로 돌아가며 이리 돌며 저리 돌아 바람은 그 불던 곳으로 돌아가고

6절 바람의 운동이 끝없이 지루한 반복을 계속한다는 점, 곧 바람의 무상함을 언급하는 내용이다.

7. 모든 강물은 다 바다로 흐르되 바다를 채우지 못하며 강물은 어느 곳으로 흐르든지 그리로 연하게 흐르느니라 8. 모든 만물이 피곤하다는 것을 사람이 말로 다 말할 수는 없나니 눈은 보아도 족함이 없고 귀는 들어도 가득 차지 아니하도다

7~8절 만물이 끊임없이 순환하고 되풀이 되지만 근본적으로 사람에게 참 만족을 줄 수 없다는 말이다. 특히 거대한 자연 현상을 실례로 든 것은 인생의허무함을 더욱 절실하게 묘사하기 위함이다. 따라서 문제는 외적인 자연 환경에 있는 것이 아니라 죄에 물들어 있는 인간의 심성에 있는 것이다. '세상의 어떠한 것도 인생을 만족시킬 수 없다' 또는 '세상의 어떠한 철학도 인생에게 만족할 만한 가치를 부여해 주지 못한다'라고도 해석할 수 있다.

9. 이미 있던 것이 후에 다시 있겠고 이미 한 일을 후에 다시 할지라 해 아래에는 새것이 없나니

9절 이것은 여기서만 단 한 번 나오는 표현이지만, 내용을 볼 때는 코헬렛의 특징을 잘 보여 주는 말이다. "해 아래"는 곧 '이 세상에서'라는 뜻이다. 이 죄악된 세상에는 새로운 것이 없다는 뜻으로 이 세상 만물의 헛됨, 무상함을 거듭 강조한다.

10. 무엇을 가리켜 이르기를 보라 이것이 새 것이라 할 것이 있으랴 우리가 있기 오래 전 세대들에도 이미 있었느니라

10절 "무엇을 가리켜 이르기를 보라 이것이 새 것이라 할 것이 있으랴" 9절의 반복이다. 9절에서 이미 코헬렛이 성서의 다른 문필가들과는 다른 역사관을 가지고 있음을 볼 수 있다. 이를 시간의 끝없는 연속의 의미를 내포하는 것으로 이해하기도 한다. "우리가 있기 오래 전 새대들에도 이미 있었느니라" 역사는 지루한 반복일 뿐이라는 코헬렛의 생각과, 하나님은 역사에서 새것을 창조하신다는 예언자들이나 요한계시록 저자의 비전이 충돌한다.

11. 이전 세대들이 기억됨이 없으니 장래 세대도 그 후 세대들과 함께 기억됨이 없으리라

11절 "이전 세대들이 기억됨이 없으니" 세대와 세대 사이의 정보의 단절을 일컫는 것이다. 이스라엘 신앙 역사에서 각종 절기 행사를 통해 이루어지는 '기억과 전승'은 이런 운명적 현실에 대한 과감한 도전이었다. "장래 세대도 그 후 세대들과 함께 기억됨이 없으리라" 세대간의 정보 단절, 역사가 망각 속으로 사라져 버리는 것에 관해서는 각도를 달리하여, 지혜자이든 우매자이든 역사에서 "영원토록 기억함을 얻지 못"한다는 것은 장소를 달리하여 한 번 강조된다.

12. 나 전도자는 예루살렘에서 이스라엘 왕이 되어

12절 본절에서는 이곳에서 왕이 된 저자의 위상을 더 한층 높여 준다.

13. 마음을 다하며 지혜를 써서 하늘 아래에서 행하는 모든 일을 연구하며 살핀즉 이는 괴로운 것이니 하나님이 인생들에게 주사 수고하게 하신 것이라

13절 "마음을 다하며 지혜를 써서 하늘 아래에서 행하는 모든 일을 연구하며 살핀즉" 전도자의 탐구가 매우 진지하고 열성적이었음을 단적으로 보여주는 구절이다. "인생들에게 주사 수고하게 하신 것이라" 아담의 타락 이후 인생이 고역과 역경에 처하게 되었음을 암시한다.

14. 내가 해 아래에서 행하는 모든 일을 보았노라 보라 모두 다 헛되어 바람을 잡으려는 것이로다

14절 인간이 죄악된 이 세상에서 하는 모든 일이 헛되고 무상함을 뜻한다.

15. 구부러진 것도 곧게 할 수 없고 모자란 것도 셀 수 없도다

15절 14절에 이어지는 말씀으로서 인간 스스로의 행위의 헛됨과 무력함을 시사한다.

16. 내가 내 마음 속으로 말하여 이르기를 보라 내가 크게 되고 지혜를 더 많이 얻었으므로 나보다 먼저 예루살렘에 있던 모든 사람들보다 낫다 하였나니 내 마음이 지혜와 지식을 많이 만나 보았음이로다

16절 이것은 저자 솔로몬이 지혜를 많이 가졌을 뿐만 아니라 그 지혜 안에서 더 깊이 성숙하고 풍요로워졌음을 암시한다.

17. 내가 다시 지혜를 알고자 하며 미친 것들과 미련한 것들을 알고자 하여 마음을 썼으나 이것도 바람을 잡으려는 것인 줄을 깨달았도다

17절 지혜와 어리석음이 각각 어떤 것인지를 바로 알아 어리석음을 버리고 지혜를 택하고자 노력했다는 뜻으로 이해된다. 지혜의 행동과 대조되는 어리석고 무질서한 행동을 뜻한다.

18. 지혜가 많으면 번뇌도 많으니 지식을 더하는 자는 근심을 더하느니라

18절 본절에서 말하는 지혜나 지식은 잠언에서 언급되는 바 여호와 경외를 근간으로 삼는 신성하고 경건한 지혜나 지식을 뜻하지 않고 세상 지혜를 뜻하는 듯하다. 왜냐하면 하나님의 거룩한 지혜는 인간에게 참다운 진리의 깨달음과 함께 평안과 생명을 공급해 주기 때문이다.

〈전도서 2장〉

1. 나는 내 마음에 이르기를 자, 내가 시험삼아 너를 즐겁게 하리니 너는 낙을 누리라 하였으나 보라 이것도 헛되도다

1절 "내가 시험삼아 너를 즐겁게 하리니" 이것은 '낙'이 무엇인지 알기 위해서 즐거움을 누리게 해본다는 뜻이다. "너는 낙을 누리라 하였으나" 시험 삼아서, 낙이 되는 것은 무엇이든지 이것저것 다 체험해 보는 것을 말한다. 그런데 그 결과는 헛되더라는 것이다. "보라 이것도 헛되도다" 지혜 대신에 낙을 누려보는데, 구체적으로는 물질과 육체적 쾌

락을 얻어 보지만, 이것 역시 "헛되도다" 라고 말할 수밖에 없다. 결국 여기서 전도자는 전장에서 자연의 허무함, 지혜의 허무함을 언급한 후에 이제는 재산의 소유나 감각적, 육신적인 기쁨에서 오는 즐거움의 허무함을 논하고 있다 하겠다.

2. 내가 웃음에 관하여 말하여 이르기를 그것은 미친 것이라 하였고 희락에 대하여 이르기를 이것이 무슨 소용이 있는가 하였노라

2절 "내가 웃음에 관하여 말하여 이르기를 그것은 미친 것이라 하였고" 코헬렛은 "웃음"을 일컬어 "미친 것"이라고 단정한다. 특히 "우매자의 웃음 소리는 솥 밑에서 가시나무의 타는 소리 같으니" 라고 비하한다.

"희락에 대하여 이르기를 이것이 무슨 소용이 있는가 하였노라" "희락"을 일컬어 "저가 무엇을 하는가!", 즉 '그 희락이라고 하는 것이 무엇을 성취할 수 있단 말인가!' 탄식하고 있다. 그러나 코헬렛 자신이 잔치와 포도주를 논하는 다른 자리에서 그는 잔치의 목적이 희락을 얻기 위함이고, 포도주는 생명을 기쁘게 하는 것이라고 언급한 바 있다.

3. 내가 내 마음으로 깊이 생각하기를 내가 어떻게 하여야 내 마음을 지혜로 다스리면서 술로 내 육신을 즐겁게 할까 또 내가 어떻게 하여야 천하의 인생들이 그들의 인생을 살아가는 동안 어떤 것이 선한 일인지를 알아볼 때까지 내 어리석음을 꼭 붙잡아 둘까 하여

3절 "내 마음을 지혜로 다스리면서" 내 마음이 지혜를 따라 움직인다는 뜻이다. 이는 마음을 지혜로 절제 가운데 거하게 하는 것, 즉 문맥상 마음으로 세상적 쾌락과 즐거움을 누리되 한편으로 그곳에 온전히 빠지지 않고 지혜로 절제받는 것을 암시한다. "천하의 인생들이 그들의 인생을 살아가는 동안 어떤 것이 선한 일인지를 알아볼 때까지 내 어리석음을 꼭 붙잡아 둘까 하여" "하늘 아래서 겨우 몇 날 안되는 일평생을 사는 인간에게 어떤 것이 좋은 것인지를 알려고 하여"라는 뜻이다. 코헬렛은 지금 무엇이 인간에게 좋은 것인지, 선한 것인지 알려고 애쓰고 있다. 그런데 그것을 알려고 어리석음을 취했다는 것은 이상하다.

4. 나의 사업을 크게 하였노라 내가 나를 위하여 집들을 짓고 포도원을 일구며

4절 "나를 위하여 집들을 짓고" 이것은 솔로몬의 궁전 건축을 상기시킨다. 솔로몬은 자기의 궁을 십삼 년이나 걸려 건축한 바 있다. "포도원을 일구며" 솔로몬은 바알하몬에다가 포도원을 만들기도 했다.

5. 여러 동산과 과원을 만들고 그 가운데에 각종 과목을 심었으며

5절 "여러 동산과 과원을 만들고" '동산'이란 성경에서 흔히 '왕의 동산'으로 불리우는 것으로서 '과원'과 함께 왕궁 주변에 인위적으로 조성한 것으로 보인다. 혹자는 이 동산에 개울과 시원한 그늘을 제공하는 각종 과일나무가 심겨져 있었다고 한다.

6. 나를 위하여 수목을 기르는 삼림에 물을 주기 위하여 못들을 팠으며

6절 "못들을 팠으며" 왕궁 옆에 "왕 소유의 못"이 있었다. 왕이 관리하는 "수목을 기르는 삼림에" 관개 시설이 있었던 배경을 말한다.

7. 남녀 노비들을 사기도 하였고 나를 위하여 집에서 종들을 낳기도 하였으며 나보다 먼저 예루살렘에 있던 모든 자들보다도 내가 소와 양 떼의 소유를 더 많이 가졌으며

7절 "남녀 노비들을 사기도 하였고 나를 위하여 집에서 종들을 낳기도 하였으며" 고대 이스라엘에 노비제도가 있었다. 우리에게 "언약의 책"으로 알려진 계약법은 히브리인 남녀 노예에 관한 규정을 두고 있다. 솔로몬 왕 역시 이스라엘 자손이 아닌 아모리 사람과 헷 사람과 브리스 사람과 히위 사람과 여부스 사람들 곧 이스라엘 자손이 다 멸하지 못하여 그 땅에 남아 있던 그 후손들을 솔로몬이 노예와 역군을 삼았다는 기록이 있다.

"나보다 먼저 예루살렘에 있던 모든 자" 전체 맥락에서 볼 때 이 말은 단순히 여기 등장하는 화자인 한 왕 이전에 예루살렘에 거주하던 일반 사람들의 경우를 말하는 것이 아니라, 화자보다 먼저 예루살렘에서 왕으로 통치하던 "모든 전임자"를 지칭하는 것으로 이해하거나, "그 이전에 통치하던 왕들"로 이해하는 것이, 비록 전도서의 솔로몬 저작설을 흔들어도 본문의 문맥이 말하려고 하는 뜻을 정확하게 전달한다.

8. 은 금과 왕들이 소유한 보배와 여러 지방의 보배를 나를 위하여 쌓고 또 노래하는 남녀들과 인생들이 기뻐하는 처첩들을 많이 두었노라

8절 솔로몬 왕 당시 풍부하게 사용되었던 은금은 그의 부요함을 단적으로 보여주는 좋은 증표 중의 하나이다. "왕들이 소유한 보배와 여러 지방의 보배를 나를 위하여 쌓고" 솔로몬의 보물창고에 쌓인 금의 일부는 오빌에서 온 것이기도 하다. "또 노래하는 남녀들과" 직업적인 가수들이 있었고, 코헬렛은 그런 가수들을 고용했거나 자주 초청했다. "인생들이 기뻐하는 처첩들을" 솔로몬은 이집트의 바로의 딸 외에, 모압, 압몬, 에돔, 시돈 등 다른 여러 나라에서 많은 여자를 데려와 처첩으로 삼았다. 그래서 솔로몬은 무려 칠백 명이나 되는 후궁을 거느렸고 그 외에 수청 드는 여자가 삼백 명이나 되었다. 왕이 직무를 수행하는 데 지장이 클 정도였다고 한다.

> 9. 내가 이같이 창성하여 나보다 먼저 예루살렘에 있던 모든 자들보다 더 창성하니 내 지혜도 내게 여전하도다

9절 "나보다 먼저 예루살렘에 있던 모든 자" 예루살렘에서 왕으로 통치하던 "모든 전임자", 여기에 화자로 등장하는 왕 "이전에 예루살렘에서 통치하던 왕들"이다. "내 지혜도 내게 여전하도다" 3절에서 얻으려 했던 것, 지혜, 부, 육체적 쾌락을 다 얻었다.

> 10. 무엇이든지 내 눈이 원하는 것을 내가 금하지 아니하며 무엇이든지 내 마음이 즐거워하는 것을 내가 막지 아니하였으니 이는 나의 모든 수고를 내 마음이 기뻐하였음이라 이것이 나의 모든 수고로 말미암아 얻은 몫이로다

10절 가시적인 쾌락의 대상이나 내면적 만족감을 주는 것을 막론하고 모든 즐거움을 추구하여 얻었다는 뜻이다.

> 11. 그 후에 내가 생각해 본즉 내 손으로 한 모든 일과 내가 수고한 모든 것이 다 헛되어 바람을 잡는 것이며 해 아래에서 무익한 것이로다

11절 이는 솔로몬이 자신의 육신적인 즐거움과 쾌락을 위해서 재물, 물질적 번영, 처와 첩들 등 온갖 수단을 통해서 애쓴 모든 일이 헛되고 무익하다는 뜻이다.

12. 내가 돌이켜 지혜와 망령됨과 어리석음을 보았나니 왕 뒤에 오는 자는 무슨 일을 행할까 이미 행한 지 오래 전의 일일 뿐이리라

12절 솔로몬 뒤를 이어 왕이 되는 자도 솔로몬이 추구했던 바 그 이상을 하지는 못하고 결국 시행 착오를 반복하게 될 것이라는 뜻이다. 또는 인생의 낙을 찾아 헤매는 후대의 왕들도 솔로몬과 같은 결론에 도달할 것이라는 뜻이다.

13. 내가 보니 지혜가 우매보다 뛰어남이 빛이 어둠보다 뛰어남 같도다

13절 전도자가 지혜를 빛에, 우매를 어둠에 비유한 것은 그 특성상 빛이 사물의 면들을 어두움에서 밝혀주어 질서를 회복하고 더 나아가 갈 길을 보여 주는 반면 이 어두움은 사물의 실상을 감추고 혼돈과 무질서를 야기시키기 때문으로 보인다.

14. 지혜자는 그의 눈이 그의 머리 속에 있고 우매자는 어둠 속에 다니지만 그들 모두가 당하는 일이 모두 같으리라는 것을 나도 깨달아 알았도다

14절 지혜자나 우매자가 궁극적으로 같은 운명, 죽음에 처하게 되는 것을 보고 세상 지혜의 한계와 헛됨을 통감한 것이다.

15. 내가 내 마음속으로 이르기를 우매자가 당한 것을 나도 당하리니 내게
    지혜가 있었다 한들 내게 무슨 유익이 있으리요 하였도다 이에 내가
    내 마음속으로 이르기를 이것도 헛되도다 하였도다

15절 "우매자가 당한 것을 나도 당하리니" 코헬렛 자신은 우매자와 자
신을 구별하고 있다. 이미 그는 자타가 인정하는 지혜자다. 그러나
그는 우매자와 지혜자가 동일한 운명을 맞게 될 바에야 사람이 애써
지혜를 탐구하여야 할 까닭이 없으며, 지혜를 얻음이 무슨 유익이 되
겠는가 하는, 지혜에 대한 강한 회의를 나타내고 있다. 지혜 탐구는
헛된 것이 아닌 줄 알았는데, 이것 역시 헛되다고 하는 강한 허무주
의를 보이고 있다.

16. 지혜자도 우매자와 함께 영원하도록 기억함을 얻지 못하나니 후일에
    는 모두 다 잊어버린 지 오랠 것임이라 오호라 지혜자의 죽음이 우매
    자의 죽음과 일반이로다

16절 곧 지혜자라고 해서 영원히 기억되지는 아니한다는 것이다.
우매자가 기억되지 않고 잊혀진다면 몰라도 지혜자가 잊혀진다는 것
은 애석하다는 것이다.

17. 이러므로 내가 사는 것을 미워하였노니 이는 해 아래에서 하는 일이 내
    게 괴로움이요 모두 다 헛되어 바람을 잡으려는 것이기 때문이로다

17절 하나님이 하시는 일 앞에서 인간이 지닌 인식의 한계를 고백
하는 것이다. 솔로몬이 한때 하나님을 떠나 자신 스스로의 힘으로 육
신적 쾌락을 위해 살며 수고한 일의 결과가 오히려 자신에게 쓰디쓴

해가 되었음을 나타낸다.

18. 내가 해 아래에서 내가 한 모든 수고를 미워하였노니 이는 내 뒤를
    이을 이에게 남겨 주게 됨이라

18절 "내 뒤를 이을 이에게 남겨 주게 됨이라" 후대의 인물이 솔로몬
자신의 업적을 물려받아 잘 관리하지도 못하고 결국 물거품처럼 만
들어 버릴지도 모른다는 염려가 내포되어 있다. 수고하여 번 것을 자
기가 다 누리지도 못하고, 다른 사람들에게 물려주게 되니 그들이 그것
을 누릴 것이라는 것이다. 애써 한 일이 자기보다 남에게 좋은 일을
한 결과가 되기도 한다는 것이다.

19. 그 사람이 지혜자일지, 우매자일지야 누가 알랴마는 내가 해 아래에
    서 내 지혜를 다하여 수고한 모든 결과를 그가 다 관리하리니 이것도
    헛되도다

19절 "그 사람이 지혜자일지, 우매자일지야 누가 알랴마는" 후계자가 지
혜자일지 우매자일지 자기는 모를 일이다. 그런데 그처럼 불확실한
후계자가 자기가 지혜를 써서 이룩한 산업을 물려받아 관리하다니
불안한 것이다.

20. 이러므로 내가 해 아래에서 한 모든 수고에 대하여 내가 내 마음에
    실망하였도다

20절 "내가 내 마음에 실망하였도다" '내가 실망했다', '낭패감이 들
었다'라는 뜻의 히브리어의 표현이다.

21. 어떤 사람은 그 지혜와 지식과 재주를 다하여 수고하였어도 그가 얻은 것을 수고하지 아니한 자에게 그의 몫으로 넘겨 주리니 이것도 헛된 것이며 큰 악이로다

21절 "그가 얻은 것을 수고하지 아니한 자에게 그의 몫으로 넘겨 주리니" 그 후계자가 자기처럼 지혜자가 아니고 우매자여서 자기가 이룩한 것을 다 탕진해 버리면 어떻게 하나 걱정하고 있다. 솔로몬 자신이 수고하고 애쓴 결과를 그 자신이 누리지 못하고 그 후예에게 넘겨줄 수밖에 없다는 한탄을 나타낸 것이다.

22. 사람이 해 아래에서 행하는 모든 수고와 마음에 애쓰는 것이 무슨 소득이 있으랴

22절 "애쓰는 것이 무슨 소득이 있으랴" 자기가 번 것은 자기가 다 써야 하고, 누려야 한다는 생각이다.

23. 일평생에 근심하며 수고하는 것이 슬픔뿐이라 그의 마음이 밤에도 쉬지 못하나니 이것도 헛되도다

23절 "일평생에 근심하며 수고하는 것이 슬픔뿐이라" 이것은 무엇을 먹을까 무엇을 입을까를 위해 혹은 세상적인 명예와 부귀를 위해 온 열성을 다하는 삶의 허망한 결과를 암시한다. "그의 마음이 밤에도 쉬지 못하나니" 밤에는 잠을 자야 한다. 휴식해야 한다. 이는 어떤 일을 성취하기 위해 잠도 제대로 자지 않고 몰두하는 것 혹은 물질적으로 부유한 자들이 그 물질에 대한 애착과 염려로 인하여 밤에도 평안히 안식하지 못함을 나타낸다.

2. 인생 허무의 극복(2:24~3:22)

〈전도서 2장〉

24. 사람이 먹고 마시며 수고하는 것보다 그의 마음을 더 기쁘게 하는 것
    은 없나니 내가 이것도 본즉 하나님의 손에서 나오는 것이로다

24절 "사람이 먹고 마시며" 먹고, 마시고, 즐기는 것보다 더 나은 것
이 없다는 것이다. 이것이 최고의 선이라는 것이다. 먹고 마시고 즐
기는 일이 쾌락이나 향락으로 빠질 수도 있음에도 불구하고 코헬렛
은 "이것도 본즉 하나님의 손에서 나오는 것이로다" 하고 긍정적으로 승화
시킨다. 즉 인생이 해 아래에 속했을 때에는 처절한 절망과 불만족,
죽음만이 있을 뿐이나 하나님에게 속했을 때에는 영원한 행복이 보
장된다는 것이다.

25. 아, 먹고 즐기는 일을 누가 나보다 더 해 보았으랴

25절 "누가 나보다 더 해 보았으랴" 먹고 즐기고 일에서는 자기를 이
길 자가 없다는 뜻이다.

26. 하나님은 그가 기뻐하시는 자에게는 지혜와 지식과 희락을 주시나
    죄인에게는 노고를 주시고 그가 모아 쌓게 하사 하나님을 기뻐하는
    자에게 그가 주게 하시지만 이것도 헛되어 바람을 잡는 것이로다

26절 전도자는 이제 영적으로 새로운 의미와 가치가 포함된 지혜
와 지식, 희락을 하나님께로부터 받는데 이것이야말로 진정한 기쁨

과 행복의 원천이 되는 것이다. 이런 점에서 본 절은 곧 하나님 앞에서 경건하고 신실하게 살아가는 자를 암시한다. 결국 이는 인생의 행복한 최선의 삶은 범사에 하나님을 인정하는 경건한 자세에서 비롯됨을 시사한다.

〈전도서 3장〉

1. 범사에 기한이 있고 천하 만사가 다 때가 있나니

1절 "범사에 기한이 있고" 범사, 곧 무릇 모든 일에는 기한이 있다는 것이다. 즉 하늘 아래서 되어지는 모든 일에는 다 때가 있는 법이란 뜻이다. 인생의 매일 매일의 삶은 하나님의 도우심이 있을 때 비로소 의미있게 되며 어떤 일의 성취는 궁극적으로 하나님의 손에 달려있다는 내용이다. 그러므로 사람들은 올바른 결단을 내릴 가장 적절한 시기를 분별해야 할 책임이 있다.

2. 날 때가 있고 죽을 때가 있으며 심을 때가 있고 심은 것을 뽑을 때가 있으며

2절 "날 때가 있고 죽을 때가 있으며" 전도자는 여기서 인생의 시작과 끝인 출생과 죽음을 언급함으로써 삶 전체가 하나님의 주권적 통치 하에 있음을 강조한다. "심을 때가 있고 심은 것을 뽑을 때가 있으며" 심고 뽑는 다는 것은 한 왕국이 번성하고 쇠퇴한다는 것을 비유한 것이라 하나 그보다는 단순히 상반절에서 언급된 인간의 영역에서 자연

의 영역으로 옮겨간 것으로 보인다.

3. 죽일 때가 있고 치료할 때가 있으며 헐 때가 있고 세울 때가 있으며

3절 "죽일 때가 있고 치료할 때가 있으며" 치료의 목적이 결국 살리는 것이라면, "치료시킬 때" 보다는 '살릴 때'로 번역하는 것이 더 자연스러울 수 있다. '죽일 때와 살릴 때'가 잘 대칭이 되기 때문이다. "치료시킬 때"의 대칭은 '상처를 입힐 때'가 될 수도 있기 때문이다. "헐 때가 있고 세울 때가 있으며" 건축물들을 헐고 세우는 것과 같은 일상적인 일에 관한 언급이다. 특히 이는 솔로몬이 성전을 비롯한 수많은 건물들을 지은 사실과 관련이 있다.

4. 울 때가 있고 웃을 때가 있으며 슬퍼할 때가 있고 **춤출 때가 있으며**

4절 본 절은 장례식이나 기타 비극적 상황에 처한 때의 행동과 결혼식이나 기타 잔치석상에서의 행동을 서로 대조적으로 묘사한 것이다. 히브리 사회에서는 장례식 때는 애곡자들을 초청하여 그 슬픈 분위기를 더하였다. 그리고 혼인식에는 많은 손님들이 와 기쁨을 더해 주었다.

5. 돌을 던져 버릴 때가 있고 돌을 거둘 때가 있으며 안을 때가 있고 안는 일을 멀리 할 때가 있으며

5절 "돌을 던져 버릴 때가 있고 돌을 거둘 때가 있으며" 돌을 밭이나 포도원 등에 던져 못쓰게 하거나 그 돌을 치우는 것을 의미한다.

6. 찾을 때가 있고 잃을 때가 있으며 지킬 때가 있고 버릴 때가 있으며

6절 "찾을 때가 있고 잃을 때가 있으며" '얻으려고 구하러 다닐 때가 있고, 그 얻은 것을 잃을 때가 있다'는 뜻이다. 본절은 개인적인 재산이나 물질에 대한 언급으로 보인다. 이 세상에서 재물을 모으기 위해서 애쓰고 노력해야 할 때가 있지만 그것이 없어질 때에는 그에 대한 지나친 애착을 가지지 말고 포기할 줄도 알아야 함을 엿보게 해 준다.

7. 찢을 때가 있고 꿰맬 때가 있으며 잠잠할 때가 있고 말할 때가 있으며

7절 "찢을 때가 있고 꿰맬 때가 있으며" 슬픔이나 비참한 상황을 맞을 때 격한 감정의 표현으로서 옷을 찢는 것과 그 후 옷을 깁는 것을 뜻한다고 본다. "잠잠할 때가 있고 말할 때가 있으며" 지혜로운 권고나 가르침 또는 위로 등을 할 때와 하지 않고 침묵을 지킬 때를 말하는 듯하다.

8. 사랑할 때가 있고 미워할 때가 있으며 전쟁할 때가 있고 평화할 때가 있느니라

8절 "사랑할 때가 있고 미워할 때가 있으며" 하나님의 섭리 아래서 되어지는 개인적 또는 국가간의 애증 관계를 말하는 것으로 보인다. "전쟁할 때가 있고 평화할 때가 있느니라" 국가간의 반목이나 화해와 관련된 문제를 다룬 내용이다.

9. 일하는 자가 그의 수고로 말미암아 무슨 이익이 있으랴

9절 세상만사 다 헛되고 수고도 무익하다고 말한다. 특히 이 세상의 모든 일들이 하나님의 정하신 섭리 안에서 되어지는 바, 죄악된 인간들이 자신의 목적을 위해 스스로 도모하는 일들은 허무하고 무익하다는 뜻을 나타낸다.

10. 하나님이 인생들에게 노고를 주사 애쓰게 하신 것을 내가 보았노라

10절 죄악된 인간의 수고에 대한 저자의 견해를 보이고 있다.

11. 하나님이 모든 것을 지으시되 때를 따라 아름답게 하셨고 또 사람들에게는 영원을 사모하는 마음을 주셨느니라 그러나 하나님이 하시는 일의 시종을 사람으로 측량할 수 없게 하셨도다

11절 이는 하나님께서 창조하신 모든 피조물들을 보실 때 '좋았더라'고 하신 말씀을 생각케 한다.

12. 사람들이 사는 동안에 기뻐하며 선을 행하는 것보다 더 나은 것이 없는 줄을 내가 알았고

12절 "즐기는 것"과 "선을 행하는 것"이라 하여 이 두 가지 보다 나은 것이 없다는 것을 말하고 있다.

13. 사람마다 먹고 마시는 것과 수고함으로 낙을 누리는 그것이 하나님의 선물인 줄도 또한 알았도다

13절 먹는 것, 마시는 것, 수고함으로 낙을 누리는 것을 하나님의 선물이라고 생각한다.

14. 하나님께서 행하시는 모든 것은 영원히 있을 것이라 그 위에 더 할
수도 없고 그것에서 덜 할 수도 없나니 하나님이 이같이 행하심은 사
람들이 그의 앞에서 경외하게 하려 하심인 줄을 내가 알았도다

14절 '하나님을 경외하라'고 하는 권면은 이스라엘의 여호와 신앙
에서뿐 아니라 지혜문학에서도 중요한 주제들 중 하나다.

15. 이제 있는 것이 옛적에 있었고 장래에 있을 것도 옛적에 있었나니 하
나님은 이미 지난 것을 다시 찾으시느니라

15절 하늘 아래 새 것이 없다는 말이다.

16. 또 내가 해 아래에서 보건대 재판하는 곳 거기에도 악이 있고 정의를
행하는 곳 거기에도 악이 있도다

16절 이것은 국가가 저지르는 범죄다. 여기에서 말하는 국가는 어
쩌면 그리스의 외세 강점기 통치를 말하는 것일 수도 있다. 그러나
본문은 꼭 어느 구체적인 시대의 어느 포악한 정부를 말하기보다는
일반적으로 국가권력을 배경으로 자행되는 인권 유린을 관찰하고
있다.

17. 내가 내 마음속으로 이르기를 의인과 악인을 하나님이 심판하시리니
이는 모든 소망하는 일과 모든 행사에 때가 있음이라 하였으며

17절 여기에서 사람들이 하는 모든 일이 선악간에 때를 따라 하나
님의 심판을 받게 되는 때가 있음을 말하고 있다.

18. 내가 내 마음속으로 이르기를 인생들의 일에 대하여 하나님이 그들을 시험하시리니 그들이 자기가 짐승과 다름이 없는 줄을 깨닫게 하려 하심이라 하였노라

18절 '재판하는 곳'과 '공의를 행하는 곳'에서 악이 행해지는 바 하나님이 그들을 심판하시어 멸망받게 하심으로 그들로 하여금 짐승과 다를 바 없이 죽음에 처해지는 존재임을 깨닫게 하려 하신다는 것이다. '그들이 바로 짐승이라는 점을 그들에게 보여 주려고 하나님이 그들을 시험하셨다'라는 말이다.

19. 인생이 당하는 일을 짐승도 당하나니 그들이 당하는 일이 일반이라 다 동일한 호흡이 있어서 짐승이 죽음 같이 사람도 죽으니 사람이 짐승보다 뛰어남이 없음은 모든 것이 헛됨이로다

19절 이는 상반절에 언급된 대로 사람이나 짐승이 한결같이 죽음에 이르는 존재라는 점에 기인되어 한 말로 이해된다.

20. 다 흙으로 말미암았으므로 다 흙으로 돌아가나니 다 한 곳으로 가거니와

20절 인체를 구성하고 있는 성분이 짐승의 몸과 동일하게 흙의 성분임을 지적함으로써 그 허무함을 밝힌다.

21. 인생들의 혼은 위로 올라가고 짐승의 혼은 아래 곧 땅으로 내려가는 줄을 누가 알랴

21절 대부분의 사람들이 제대로 깨닫지 못하고 있지만, 짐승과는

달리 사람의 영혼은 위로 올라간다는 것이다.

22. 그러므로 나는 사람이 자기 일에 즐거워하는 것보다 더 나은 것이 없
음을 보았나니 이는 그것이 그의 몫이기 때문이라 아, 그의 뒤에 일
어날 일이 무엇인지를 보게 하려고 그를 도로 데리고 올 자가 누구
이랴

22절 이는 전도자가 이전에 체험했던 수많은 인생 경험에 근거하
여 말하는 것을 나타낸다. "그 신후사를 보게 하려고" 여기에서 '신
후사'란 곧 그가 죽고 난 다음에 이 세상에서 벌어지는 여러 가지 일
들을 망자가 직접 보게 하려고 한다는 뜻이다. "그를 도로 데리고 올 자
가 누구이랴" 그를 다시 인간 세상으로 데려올 자가 없다는 것이다.

3. 사회와 개인에 나타난 모순들 (4:1~6:12)

〈전도서 4장〉

1. 내가 다시 해 아래에서 행하는 모든 학대를 살펴 보았도다 보라 학대받는 자들의 눈물이로다 그들에게 위로자가 없도다 그들을 학대하는 자들의 손에는 권세가 있으나 그들에게는 위로자가 없도다

1절 "모든 학대를 살펴 보았도다" 본절에서는 세도가들의 수탈과 압제를 가리키는 듯하나 압제와 피압제의 대상에 대한 분명한 한계를 밝히고 있지는 않다. "위로자가 없도다" 이 말은 본절에서 두 번 반복되어 나타나는데, 이는 도움받을 길 없는 딱한 처지를 한층 더 강조해 줌과 동시에 이들을 구원할 자는 오직 하나님뿐임을 암시해 준다.

2. 그러므로 나는 아직 살아 있는 산 자들보다 죽은 지 오랜 죽은 자들을 더 복되다 하였으며

2절 "그러므로 나는 아직 살아 있는 산 자들보다" '아직 살아 있는 산 자보다 이미 죽은 지 오랜 죽은 자를 복되다 하였으며'라고 번역되어야 한다. 그러나 여기 2절에서는 살아 있음을 저주하고 있다. "죽은 지 오랜 죽은 자들을 더 복되다 하였으며" 이것은 전도서 저작 당시의 이스라엘 농민들이 그리스 통치자들과 그들 밑에 빌붙어 살던 주구들에게 당하던 하대의 심각함을 짐작하게 한다.

3. 이 둘보다도 아직 출생하지 아니하여 해 아래에서 행하는 악한 일을

보지 못한 자가 더 복되다 하였노라

3절 여기에서 말하는 악한 일이란 인간들끼리의 억압을 일컫는 말이다. 사람이 태어나서 낙을 누리지 못하고 억압받고 살 바에야 태어나지 않는 것이 더 낫다는 생각은 다른 곳에서도 볼 수 있다.

4. 내가 또 본즉 사람이 모든 수고와 모든 재주로 말미암아 이웃에게 시기를 받으니 이것도 헛되어 바람을 잡는 것이로다

4절 '일을 성취시키는 모든 재능을 뜻한다. 능력이 있어서 일을 잘하면 동료 경쟁자들의 시기와 질투를 받게 되니 이 또한 허무하다는 것이다.

5. 우매자는 팔짱을 끼고 있으면서 자기의 몸만 축내는도다

5절 "팔짱을 끼고 있으면서" 일하기 싫어서 손 놀리기를 멈추고 빈둥거리는 것을 뜻한다. 그리고 '살을 먹느니라'란 우매자가 게으름으로 인하여 자기 스스로를 파멸시키는 것을 뜻한다.

6. 두 손에 가득하고 수고하며 바람을 잡는 것보다 한 손에만 가득하고 평온함이 더 나으니라

6절 "한 손에만 가득하고 평온함이" 곧 많이 갖지 못해도 마음 편한 것이 "두 손에 가득하고 수고하며 바람을 잡는 것보다 나으니라" 많이 가지고서 수고하고 헛일 하는 것보다 낫다는 것이다.

7. 내가 또 다시 해 아래에서 헛된 것을 보았도다

7절 코헬렛은 자기가 관찰하고 경험한 "헛된 것"을 자주 언급한다.

8. 어떤 사람은 아들도 없고 형제도 없이 홀로 있으나 그의 모든 수고에는 끝이 없도다 또 비록 그의 눈은 부요를 족하게 여기지 아니하면서 이르기를 내가 누구를 위하여는 이같이 수고하고 나를 위하여는 행복을 누리지 못하게 하는가 하여도 이것도 헛되어 불행한 노고로다

8절 이는 그 주위에 아들이나 형제가 없는 고독한 자가 느끼는 인생의 허무함을 언급한 것이다. 특히 본 절에서 고독한 자가 주위에 아무도 없으면서도 끊임없이 일하며 부를 만족하지 않는 것은 그가 느끼게 되는 인생의 허무함을 더욱 극적으로 묘사해 준다.

9. 두 사람이 한 사람보다 나음은 그들이 수고함으로 좋은 상을 얻을 것임이라

9절 두 사람의 동지의식과 협조가 얼마나 큰 결실을 맺는지를 말한다. "두 사람이 한 사람보다 나음은" 왜 나은가? 함께 수고하여 상을 얻을 수 있기 때문이다.

10. 혹시 그들이 넘어지면 하나가 그 동무를 붙들어 일으키려니와 홀로 있어 넘어지고 붙들어 일으킬 자가 없는 자에게는 화가 있으리라

10절 "혹시 그들이 넘어지면 하나가 그 동무를 붙들어 일으키려니와" 한 사람이 넘어지면 다른 한 사람이 일으켜 주어 서로 돕기 때문이다. "붙들어 일으킬 자가 없는 자에게는 화가 있으리라" 길을 같이 걷는 동반

자와 협조자의 필요성이 강조되어 있다.

11. 또 두 사람이 함께 누우면 따뜻하거니와 한 사람이면 어찌 따뜻하랴

11절 "두 사람"은 남편과 아내를 말할 수도 있으나 그보다는 팔레스타인 지역을 여행하는 여행자들을 가리키는 것으로 볼 수 있다.

12. 한 사람이면 패하겠거니와 두 사람이면 맞설 수 있나니 세 겹 줄은 쉽게 끊어지지 아니하느니라

12절 "한 사람이면 패하겠거니와 두 사람이면 맞설 수 있나니" 혼자서는 지지만 둘이서는 막아낼 수 있다는 것이다.

13. 가난하여도 지혜로운 젊은이가 늙고 둔하여 경고를 더 받을 줄 모르는 왕보다 나으니

13절 본 절은 고대 근동 지방에서나 히브리인들에게 있어서 나이가 들수록 지혜로운 자로 간주되고 존경받았다는 점을 고려해 볼 때, 본 절은 왕의 어리석음을 더욱 극력하게 나타내준다 하겠다.

14. 그는 자기의 나라에서 가난하게 태어났을지라도 감옥에서 나와 왕이 되었음이니라

14절 이는 13절의 "가난하여도 지혜로운 젊은이"가 "늙고 둔하여 경고를 더 받을 줄 모르는 왕"의 왕국에서 가난하게 태어났을지라도 후에는 그 지혜로 그 나라의 왕이 되었음을 뜻한다.

15. 내가 본즉 해 아래에서 다니는 인생들이 왕의 다음 자리에 있다가 왕을 대신하여 일어난 젊은이와 함께 있고

15절 "해 아래에서 다니는 인생들"은 히브리어 본문은 '해 아래서 다니는 모든 생명체들"을 일컫는다. 이것은 그 왕이 다스리는 인구의 수가 많은 것을 표현한 과장법이다. "왕의 다음 자리에 있다가 왕을 대신하여 일어난 젊은이"는 히브리어 본문에서 "선왕을 대신하여 일어날 둘째 젊은이"다. 현재의 왕이 은퇴하면 그 뒤를 이어 왕이 될 자이다.

16. 그의 치리를 받는 모든 백성들이 무수하였을지라도 후에 오는 자들은 그를 기뻐하지 아니하리니 이것도 헛되어 바람을 잡는 것이로다

16절 이는 지혜로운 소년이 후에 왕이 되어 백성들을 치리한다 할지라도 후 세대의 백성들이 그의 치정을 '기억하거나 그의 공적등을 인정해 주는 일이 없을 것이라는 뜻이다. 즉 소년이 치리하는 세대는 그 세대대로 역사 속에서 가고 그 후 세대는 그 후 세대대로 역사 속에서 진행되어 간다는 의미로서, 이는 1:11 ; 2:16의 말씀을 연상케 하며 덧없이 흘러가는 이 세상 명성의 헛됨, 무상함을 암시한다.

〈전도서 5장〉

1. 너는 하나님의 집에 들어갈 때에 네 발을 삼갈지어다 가까이 하여 말씀을 듣는 것이 우매한 자들이 제물 드리는 것보다 나으니 그들은 악을 행하면서도 깨닫지 못함이니라

1절 "하나님의 집" 이는 솔로몬 왕이 지은 예루살렘 성 안의 성전을 말하는 것 같다. 성전을 본 절처럼 '하나님의 집' 또는 '여호와의 집' 등으로 부르는 것은 하나님께서 성전의 지성소에 임재하시어 이스라엘 가운데 거하시고 이스라엘을 다스리는 왕으로 나타나시기 때문이다. "발을 삼갈지어다" 본 구절은 부주의하고 경거망동하게 하나님의 전에 들어가 망령되게 행하지 말고 신중하고 거룩하게 행동하라는 뜻이다. 그리고 또 한편으로는 하나님의 엄위성, 거룩성을 은연중 엿보게 하는 말씀이다.

"말씀을 듣는 것이 우매한 자들이 제물 드리는 것보다 나으니" "말씀을 듣는 것"은 순종하는 것이다. 지혜전승과 예언전승에서 이런 생각을 공유하고 있다는 것이 인상적이다.

2. 너는 하나님 앞에서 함부로 입을 열지 말며 급한 마음으로 말을 내지 말라 하나님은 하늘에 계시고 너는 땅에 있음이니라 그런즉 마땅히 말을 적게 할 것이라

2절 즉 사람이 하나님 앞에서 기도할 때 조급하거나 쓸데없는 말을 늘어놓지 말고 마음에서 우러나오는 진실된 말을 주의성 있게 할 것을 촉구한 교훈이라 하겠다.

3. 걱정이 많으면 꿈이 생기고 말이 많으면 우매한 자의 소리가 나타나느니라

3절 "걱정이 많으면 꿈이 생기고" 여기에서 말하는 꿈은 청운의 꿈 같은 바람직한 꿈이 아니고, 복잡한 일 때문에 불면 상태에서 꾸는 악

몽 같은 것이다.

즉 사람이 너무 많은 일에 분주할 경우 정신이 혼란스럽고 복잡하여 번민함으로 잠을 잘 때 꿈을 꾸게 되며, 말이 많을 경우에도 부주의하게 됨으로 헛된 말을 하게 된다는 것이다.

4. 네가 하나님께 서원하였거든 갚기를 더디게 하지 말라 하나님은 우매한 자들을 기뻐하지 아니하시나니 서원한 것을 갚으라

4절 "네가 하나님께 서원하였거든" 이 서원은 이스라엘 백성이 하나님께서 주신 은혜와 축복에 대해 감사하는 뜻에서 또는 은혜와 축복을 받기 위하여 행해졌으며, 율법 규정에서 반드시 지켜져야 할 것으로 언급되어 있다.

"갚기를 더디게 하지 말라" 더디 하지 말라는 것은 지체 하지 말고 지키라는 뜻이다.

5. 서원하고 갚지 아니하는 것보다 서원하지 아니하는 것이 더 나으니

5절 "서원하고 갚지 아니하는 것보다" 서원한 것은 꼭 갚으라고 한다. 약속을 지킨다는 말이다. 약속한 것을 실천한다는 말이다. 히브리어 본문의 '샬람'의 피엘형은 '갚다'라는 뜻을 지니고 있다. 약속을 지킨다는 것보다 제의적으로 더 구속력이 있는 용어다.

6. 네 입으로 네 육체가 범죄하게 하지 말라 천사 앞에서 내가 서원한 것이 실수라고 말하지 말라 어찌 하나님께서 네 목소리로 말미암아 진노하사 네 손으로 한 것을 멸하시게 하랴

6절 "네 입으로 네 육체가 범죄하게 하지 말라" 말 잘못하여 죄짓는 일 없도록 하라는 경고다. "천사 앞에서" 성전에서 파견된 자로서 신도들이 서원한 것을 알리고, 받으러 다니는 성전 메신저라고도 볼 수 있다. 신도들이 서원한 것을 기록하고, 그 기록을 근거로 하여 그 서원자들에게 충고하고 그들을 일일이 찾아다니며 서원한 것을 거두어들이는 자를 말한다.

"내가 서원한 것이 실수라고 말하지 말라" 본문이 뜻하는 바는 '천사 앞에서 내가 서원한 것이 실수라고' 말하지 말라는 것이 아니고, 천사 앞에서, "내가 서원한 것이 실수라고" 그 천사에게 말하지 말라는 뜻이다.

7. 꿈이 많으면 헛된 일들이 많아지고 말이 많아도 그러하니 오직 너는 하나님을 경외할지니라

7절 본 절에서 많은 꿈의 허무함을 많은 말의 헛됨과 나란히 병행 구절로 취급한 것은 2,3절과 연관해 볼 때 세상일에 지나치게 분주함과 무분별한 언사가 하나님 앞에서 행하는 신앙의 정도에 큰 걸림돌이 됨을 암시한다.

8. 너는 어느 지방에서든지 빈민을 학대하는 것과 정의와 공의를 짓밟는 것을 볼지라도 그것을 이상히 여기지 말라 높은 자는 더 높은 자가 감찰하고 또 그들보다 더 높은 자들도 있음이니라

8절 이는 권력을 가진 세도가들이 재물을 수탈하기 위하여 가난하고 연약한 자들을 억압하고 불의를 자행하는 것을 뜻한다. 그리고 본

절의 '높은 자들'도 한 나라의 왕을 가리킨다기보다는 모든 권세의 근원되시는 하나님을 가리키는 장엄 복수의 표현이라 할 수 있다.

9. 땅의 소산물은 모든 사람을 위하여 있나니 왕도 밭의 소산을 받느니라

9절 '하나님께서 주신 땅은 모든 사람의 유익을 위해 존재하며 왕이라 할지라도 땅으로부터 그 소산을 얻는데, 불의한 수탈자가 어떻게 빈민을 학대하고 공의를 업수히 여기는 일이 있을 수 있는가'라는 뜻으로서, 8절의 내용을 부연하는 것이라 하겠다.

10. 은을 사랑하는 자는 은으로 만족하지 못하고 풍요를 사랑하는 자는 소득으로 만족하지 아니하나니 이것도 헛되도다

10절 이는 고대 근동 지방에서 일찍부터 물물 교환의 수단으로써 화폐 역할을 했다. "은을 사랑하는 자는 은으로 만족하지 못하고" 여기에서 은(銀)은 돈을 가리킨다. 어느 정도 돈이 생기면 거기에서 만족할 수 있을 것 같은데 그렇지 않은 것 같다. 지혜자의 이런 교훈을 받아들인다면 직접 경험해 보지 않고도 알 수 있어서 그만큼 인생을 덜 낭비할 터인데, 아마 탐욕은 밑 빠진 항아리인 것 같다.

11. 재산이 많아지면 먹는 자들도 많아지나니 그 소유주들은 눈으로 보는 것 외에 무엇이 유익하랴

11절 여기 '재산'으로 번역된 히브리어 '토브'는 "선하다", "좋다"라는 뜻이다.

12. 노동자는 먹는 것이 많든지 적든지 잠을 달게 자거니와 부자는 그 부요함 때문에 자지 못하느니라

12절 재물이 늘어나면 상대적으로 그만큼 걱정거리가 많아져서 불면증에 시달리게 될 소지가 다분하다는 뜻이다.

13. 내가 해 아래에서 큰 폐단 되는 일이 있는 것을 보았나니 곧 소유주가 재물을 자기에게 해가 되도록 소유하는 것이라

13절 결국 돈 욕심은 채울 수 없고, 그 욕심이 마침내는 아무런 유익도 주지 못하고 수면만 앗아갈 뿐이다. 돈으로 바랐던 행복은 오지 않는다. 아주 불안해 하면서 온갖 수단으로 재산을 지키려 한다고 해서 재산 보전이 보장되는 것도 아니다. 오히려 재산을 지키는 경비견 신세가 되어 버리고 사람이 황폐해진다. 소유주가 재물을 지나치게 애착하여 지키다가 그것을 상실한 경우 크게 실망하며 실족된다는 뜻이다.

14. 그 재물이 재난을 당할 때 없어지나니 비록 아들은 낳았으나 그 손에 아무것도 없느니라

14절 "그 재물이 재난을 당할 때 없어지나니" 부자가 하루아침에 길거리로 나설 수 있음을 말하는 것이다. "재물이 패한다"는 것은 부자가 재난을 당하여 재산을 모두 잃는다는 것을 말한다.

"비록 아들은 낳았으나 그 손에 아무것도 없느니라" "그 손"이 아버지의 손인지 아들의 손인지 명확하지 않다. 그러나 누구의 손이든지 결과는 마찬가지다. 아버지에게 아무것도 없다면 아들에게도 아무런 재산이 있을 수 없다. 부자간에 빈털터리다. 의미를 전달하려고 하는 번역들은 "그 손"을 아버지의 손으로 이해한다.

결국 재앙으로 재물을 모두 잃어버린 아들에게 물려줄 상속 유산이 남아 있지 않음을 뜻한다.

15. 그가 모태에서 벌거벗고 나왔은즉 그가 나온 대로 돌아가고 수고하여 얻은 것을 아무것도 자기 손에 가지고 가지 못하리니

15절 수고하여 얻은 것을 가지고 가지 못한다는 것이다. 재물의 부질없음을 갈파한 말로서, 공수래공수거의 인생임을 깨달아 재물에 연연하지 않아야 할 것을 가르친다.

16. 이것도 큰 불행이라 어떻게 왔든지 그대로 가리니 바람을 잡는 수고가 그에게 무엇이 유익하랴

16절 "어떻게 왔든지 그대로 가리니" 적신으로, 빈손으로 온 대로 간다. 아무것도 가지고 가지 못한다.

"바람을 잡는 수고가 그에게 무엇이 유익하랴" 불필요하게 많은 재물을 위해 인생을 헛된 수고로 내몰지 말 것을 권면한다.

17. 일평생을 어두운 데에서 먹으며 많은 근심과 질병과 분노가 그에게 있느니라

17절 "일평생을 어두운 데에서 먹으며" 부자의 스트레스를 일컫는 말이다. 어두운 데서 먹는다는 것은 부자의 심리상태를 묘사한 것이다.

"근심과 질병과 분노가 그에게 있느니라" 번뇌, 각종 질병, 스트레스에서 받는 분노, 이것들은 부자에게서 떠나지 않는 고질적인 만성질병이다.

즉 인생 특히 맥락 속에서 암시되어지는 바와 같이 수탈에 의해 재산을 모은 부자는 그의 죄로 인하여 그 일평생이 편안하지 못하고 각종 비참한 현상들로 얼룩진다는 뜻을 암시한다.

18. 사람이 하나님께서 그에게 주신 바 그 일평생에 먹고 마시며 해 아래에서 하는 모든 수고 중에서 낙을 보는 것이 선하고 아름다움을 내가 보았나니 그것이 그의 몫이로다

18절 "먹고 마시며 해 아래에서 하는 모든 수고 중에서 낙을 보는 것" 코헬렛에게서 반복되는 주제들 중의 하나다. 헛된 세상에서 이것만이 "선하고 아름다움"이다. 최고의 가치다.

"그것이 그의 몫이로다" 하나님께서 인간에게 허락하신 몫이다.

19. 또한 어떤 사람에게든지 하나님이 재물과 부요를 그에게 주사 능히 누리게 하시며 제 몫을 받아 수고함으로 즐거워하게 하신 것은 하나님의 선물이라

19절 주어진 삶의 영역에서 최선을 다하며 그 수고의 열매를 거두는 것이 진정한 낙이요 하나님의 은혜임을 다시 한번 상기시킨다.

20. 그는 자기의 생명의 날을 깊이 생각하지 아니하리니 이는 하나님이 그의 마음에 기뻐하는 것으로 응답하심이니라

20절 "그는 자기의 생명의 날을 깊이 생각하지 아니하리니" 너무 걱정하

며 살지 않는다는 말이다. 그 까닭은 하나님이 그의 마음에 기뻐하는 것으로 응하셨기 때문이다. 하나님에게 사랑을 받는 자는 노심초사 하지 않아도 받을 복을 다 받는다. 잠을 자지 않고 일해도 하나님의 사랑을 못 받으면 평생 어렵게 살고, 하나님의 사랑을 받으면 잠을 자는 동안에도 복을 받는다. 인생의 연수가 너무 짧아 허무하다거나, 너무 길어 지루하다고 말하지 않는다는 뜻이다. 따라서 본 절의 의미는 하나님의 축복을 받은 사람은 그의 인생의 날들을 후회와 염려 속에서 뒤돌아보지 않는다는 뜻이다.

〈전도서 6장〉

   1. 내가 해 아래에서 한 가지 불행한 일이 있는 것을 보았나니 이는 사람의 마음을 무겁게 하는 것이라

   1절 "사람에게 중한 것이라" "중하다"는 것은 '중요하다'는 말이 아니라 '무겁게 억누르다'라는 뜻이다. "사람에게 중하다"는 것은 사람이 감당하기 어려울 만큼 부담이 된다는 뜻이다. 다른 번역들을 보면 "사람을 짓누르다", "사람에게 무거운 짐을 지우다", "사람의 마음을 무겁게 하는"이라고 번역하였다.

   2. 어떤 사람은 그의 영혼이 바라는 모든 소원에 부족함이 없어 재물과 부요와 존귀를 하나님께 받았으나 하나님께서 그가 그것을 누리도록 허락하지 아니하셨으므로 다른 사람이 누리나니 이것도 헛되어 악한 병이로다

2절 "다른 사람이 누리나니" 무슨 이유에서인지는 알 수 없으나 하나님께서는 어떤 사람에게 재물과 부요와 존귀를 부족함 없이 선물로 주시고도 그가 그것을 누리지 못하게 하신다. 그가 받은 것을 다른 사람이 누린다.

"이것도 헛되어 악한 병이로다" 이 "악한 병"은 사람이 앓는 어떤 병을 말하는 것이 아니다. 이상에서 나온 '라아', '라아 홀라', '홀라 라아' 등은 모두 어떤 "불행한 일", "옳지 못한 일", "불가사의 한 일" 등을 일컫는 말이다.

3. 사람이 비록 백 명의 자녀를 낳고 또 장수하여 사는 날이 많을지라도 그의 영혼은 그러한 행복으로 만족하지 못하고 또 그가 안장되지 못하면 나는 이르기를 낙태된 자가 그보다는 낫다 하나니

3절 사람이 이 세상에서 오래 살며 장수하는 것 또한 하나님의 축복으로 간주되었다. 이스라엘인에게 있어서 매장되지 못하는 사실 자체는 매우 불행한 사태로 여겨졌으며, 반면 열조의 무덤에 안치되는 것은 큰 영예로 여겨졌다.

4. 낙태된 자는 헛되이 왔다가 어두운 중에 가매 그의 이름이 어둠에 덮이니

4절 "헛되이 왔다가"란 어머니의 태 속에서 불행한 죽음을 당함으로 이 세상에 짧은 순간이나마 목적없이, 아무런 유익한 결과없이 존재한 것을 암시한다. "그의 이름이 어둠에 덮이니" 전혀 기억됨이 없이 사라진다는 말이다. 이름이 어둠에 덮인다는 아무에게도 기억되지 않

음을 말하는 것이다.

낙태된 자가 어두움 속에 사라져 가버림으로 그의 존재 자체가 망각되어져 버림을 뜻한다.

5. 햇빛도 보지 못하고 또 그것을 알지도 못하나 이가 그보다 더 평안함이라

5절 "햇빛도 보지 못하고" 히브리어는 단순히 "해를 보지 못하고"이다. 대명천지를 못 본다는 말이다. 곧 죽은 자의 경우를 두고 한 말이다. 전도서 자체 내에서 "해를 보는 것" 또는 "햇빛을 보는 것"은 살아 있음의 상징이다.

낙태된 생명도 불운하지만 그래도 이 세상에 살면서 온갖 불행과 고통을 맛보는 것보다는 차라리 낫다는 뜻이다.

6. 그가 비록 천 년의 갑절을 산다 할지라도 행복을 보지 못하면 마침내 다 한 곳으로 돌아가는 것뿐이 아니냐

6절 "그가 비록 천 년의 갑절을 산다 할지라도" 사람이 천년을 두 번 곧 2000년 동안 산다는 것을 가정해 본 것이다. '천년의 갑절'이라는 기간은 인류 초기의 인간들의 삶의 년수와 비교해 보더라도 엄청난 기간이라 할 수 있다.

이처럼 오랫동안 장수를 누리더라도 마음으로 진정한 낙을 누리지 못하고 고통의 세월을 보낸다면 낙태된 자보다 나을 것이 없다고 하는 것이 본서 기자의 주장이다.

"행복을 보지 못하면" 장수가 아무리 복이라 해도 즐거움이 따르지 않는 장수는 오히려 저주다.

"마침내 다 한 곳으로 돌아가는 것뿐이 아니냐" 여기 "한 곳"이란 '스올' 곧 무덤이다.

7. 사람의 수고는 다 자기의 입을 위함이나 그 식욕은 채울 수 없느니라

7절 "식욕은 채울 수 없느니라" "식욕"이라고 번역된 히브리어 '네페쉬'는 '욕망'을 뜻한다. ' 그 식욕은 차지 하니하느니라'라는 말 속에는 진정한 기쁨은 단순히 음식, 물질 따위의 외형적인 여건에 의해서가 아니라 창조주되시며 모든 기쁨과 만유의 근원되시는 하나님에 의해서만 진정으로 채워질 수 있다는 암시가 내포되어 있다 하겠다.

8. 지혜자가 우매자보다 나은 것이 무엇이냐 살아 있는 자들 앞에서 행할 줄을 아는 가난한 자에게는 무슨 유익이 있는가

8절 즉 인간은 그의 입을 위하여 수고하나 그의 식욕이 차지 아니하는 바 지혜자가 우매자보다 나은 것이 없다는 뜻이다.

9. 눈으로 보는 것이 마음으로 공상하는 것보다 나으나 이것도 헛되어 바람을 잡는 것이로다

9절 "눈으로 보는 것이 마음으로 공상하는 것보다 나으나" 이것은 히브리어 본문을 문자 그대로 번역한 것이다. 그런데 직역 그대로는 뜻 전달에 문제가 있다. 다른 번역들을 비교해 본다. LB는 번역 대신에 심지어 영어 속담 "손에 새 한 마리 가진 것이 숲의 새 두 마리보다 낫다"를 그대로 대치하였다. 대체적으로 일치하는 번역은 "가진 것으로 만족하는 것이 없는 것 가지려고 애태우는 것보다 낫다"이다.

"이것도 헛되어 바람을 잡는 것이로다" 9절의 문맥에서, "이것도"의 "이것"이 무엇을 가리키는지 모호하다. 대다수의 주석과 번역들은 "심령의 공상"이 헛되다고 본다. 없는 것을 가지려고 끈질기게 바라는 것은 쓸데없는 일이고 바람을 잡으려는 것이나 마찬가지라는 것이다.

바라는 바 적은 것이나마 낙을 직접 체험하는 것이 머릿속에 근사한 공상만 하는 것보다는 낫지만, 결국 이 또한 인생의 참 행복이 될 수는 없다는 말이다.

10. 이미 있는 것은 무엇이든지 오래 전부터 그의 이름이 이미 불린 바 되었으며 사람이 무엇인지도 이미 안 바 되었나니 자기보다 강한 자와는 능히 다툴 수 없느니라

10절 "이미 있는 것은 무엇이든지 오래 전부터 그의 이름이 이미 불린 바 되었으며" 지금 있는 것이 오랜 전부터 있었다는 말이다. 셈어의 사고 구조에서 "이름을 부른다"는 것은 그 이름을 지닌 대상이 존재하는 것을 뜻한다.

존재하는 모든 것의 성격이나 특성이 이미 규정 되어 있으므로 사람은 존재론적으로 스스로 선택하거나 거부할 수 없는 일정한 질서와 법칙 안에서 살아가야 한다는 뜻을 암시한다.

11. 헛된 것을 더하게 하는 많은 일들이 있나니 그것들이 사람에게 무슨 유익이 있으랴

11절 본 절의 의미는 앞절과 연관시켜 볼 때, 연약하고 무기력한 인생이 모든 일들을 작정하고 주관하시는 하나님을 거역하여 스스로 행하는 것들은 전혀 무익하고 오히려 더욱 헛되게 함을 암시한다.

12. 헛된 생명의 모든 날을 그림자 같이 보내는 일평생에 사람에게 무엇이 낙인지를 누가 알며 그 후에 해 아래에서 무슨 일이 있을 것을 누가 능히 그에게 고하리요

12절 "헛된 생명의 모든 날을" 전도서에 자주 나오는 말이다. 사는 날이 헛되고, 인생 자체도 헛되다.

"그림자 같이 보내는 일평생에" 인생을 그림자처럼 본 예는 구약 여러 곳에 자주 나온다. 그림자는 실제의 음영일 뿐이다. 그림자는 그 자체가 실체가 아니다. 어떤 장소를 차지하고 거기에 머물 수 있는 것이 못된다. 빛이 없으면 그림자도 없다. 사람이 그림자 같다는 것은 인생이 '헛것'이란 말이다.

"그 신후에" 신후는 사후를 말한다.

"해 아래에서 무슨 일이 있을 것을 누가 능히 그에게 고하리요" 사람이 죽고 나무 어느 누구도 이 세상일 돌아가는 것을 그에게 일러주지 못한다.

전도자가 인생을 이와 같이 규정한 것은 인간이 아담의 범죄 이후 정죄되고 사망 가운데 거하여 일평생을 헛된 수고와 근심 가운데서 보내기 때문이다. 아무튼 본 절은 이 세상에 사는 인간이 무지하고 연약하며 제한적이라는 사실을 명백히 지적함으로써 궁극적으로는 인간이 하나님을 떠나거나 그분을 거역하고는 결코 헛된 삶을 살 수 밖에 없음을 암시한다 하겠다.

4. 참 지혜와 하나님이 없는 인생은 불확실성이다.(7:1~9:1)

〈전도서 7장〉

1. 좋은 이름이 좋은 기름보다 낫고 죽는 날이 출생하는 날보다 나으며

1절 좋은 이름이란 바로 명예를 일컫는다. 히브리인들은 자신의 이름이 오래도록 기억되는 것을 대단히 명예로운 일로 간주했다.

"죽는 날이 출생하는 날보다 나으며" 즉 이는 사람이 이 세상에서 좋은 명성을 쌓으며 살다가 죽는 것이 어리석고 우매한 가운데 고통과 고난을 당하며 살지도 모르는 삶의 시작의 날보다 낫다는 것이다.

2. 초상집에 가는 것이 잔칫집에 가는 것보다 나으니 모든 사람의 끝이 이와 같이 됨이라 산 자는 이것을 그의 마음에 둘지어다

2절 "초상집에 가는 것이" 히브리어 '베트 에벨'은 '애곡하는 집'이다. 초상이 나면 7일 동안 애곡하는 관습이 있었다. 요셉이 아버지를 여의고 7일 동안 애곡한 일이 있다. 초상집에 가는 것은 애곡하는 유가족을 위로하기 위함이다.

초상집에 갈 때마다 사람들은 인간의 사멸성에 대한 인식을 거듭하여 하게 된다. 이것이 바로 바람직한 일이고 "잔칫집에 가는 것보다" 나은 까닭이다. '잔칫집'은 히브리어 '마시는 집'의 축자역이다. 시편 시인도 바로 이런 점에 착안하여 죽음을 명상하여 지혜를 얻게 한다.

3. 슬픔이 웃음보다 나음은 얼굴에 근심하는 것이 마음에 유익하기 때문

이니라

3절 "얼굴에 근심하는 것이 마음에 유익하기 때문이니라" 자신에 대한
계속적인 성찰이 신중한 표정을 만들고 그러한 신중함이 수양을 돕
는다.

인생에서 보게 되는 숙연한 슬픔은 육체적 쾌락에서 얻어지는 가
벼운 웃음과는 달리 삶의 궁극적 의미를 상고케하여 더욱 진지하고
보람된 생을 결단케 하기 때문에 좋다는 의미로 이해된다.

4. 지혜자의 마음은 초상집에 있으되 우매한 자의 마음은 혼인집에 있느
니라

4절 지혜자는 삶의 의미와 목표를 늘 진지하게 상고하는 반면에
우매자의 마음은 연락하는 집에 있어 단순히 순간 순간 육체적 희락
만을 즐기고 웃음을 추구한다는 뜻이다.

5. 지혜로운 사람의 책망을 듣는 것이 우매한 자들의 노래를 듣는 것보다
나으니라

5절 우매자의 노래 소리는 들을 때에는 기쁜 것 같고 육감적으로
상쾌한 것 같으나 결국에는 일시적, 육체적 희락 속에서 헛되고 허무
하게 살아가게 하는 것이다.

6. 우매한 자들의 웃음 소리는 솥 밑에서 가시나무가 타는 소리 같으니
이것도 헛되니라

6절 "우매한 자들의 웃음 소리" 경박한 웃음으로 아첨하는 소리를 일컫는다.

"솥 밑에서 가시나무가 타는 소리" 가시나무가 요란한 소리를 내면서 타지만 그 화력은 조용히 타는 숯불만도 못하다.

"이것도 헛되니라" 우매자의 아첨과 경박한 웃음, 화력은 약하면서 타는 소리는 요란한 이러한 어리석은 것이 헛되다는 것이다.

이 소리는 헛되고 요란할 뿐 실속이 없는 소리이다. 이것은 우매자의 웃음 소리가 겉으로만 요란할 뿐 실속이 없고 지혜롭지 못하다는 것을 암시한다.

7. 탐욕이 지혜자를 우매하게 하고 뇌물이 사람의 명철을 망하게 하느니라

7절 성경에서 '뇌물'을 의인의 눈을 멀게 하는 것 또는 명철을 흐리게 하는 것으로 규정하는 이유는 뇌물이 그 하나님의 공의성을 훼손시키고 공정한 판단을 차단하기 때문이다.

8. 일의 끝이 시작보다 낫고 참는 마음이 교만한 마음보다 나으니

8절 즉 어떤 일을 시작해서 그 과정을 안내하는 마음으로 지켜보는 가운데 좋은 결과를 유출해 낼 경우 그 끝은 처음보다 낫다는 뜻 혹은 어떤 일을 끝까지 마감하는 것이 시작만 거창하게 하고서 중도에 그만 두는 것보다 낫다는 뜻이다.

9. 급한 마음으로 노를 발하지 말라 노는 우매한 자들의 품에 머무름이니라

9절 성급히 화를 내는 것은 정의의 의분과는 달리 인격에 대한 통

제를 잃은 것으로서 결국 죄악을 낳고 만다.

10. 옛날이 오늘보다 나은 것이 어찜이냐 하지 말라 이렇게 묻는 것은 지혜가 아니니라

10절 "옛날이 오늘보다 나은 것이 어찜이냐" 옛날이 지금보다 더 좋았다는 것은 노인들에게서 나오는 불평이다.

주어진 현실, 감당해야 할 현 시대의 사명을 도외시하고 지나간 시절만 생각하는 나약하고 어리석은 삶의 태도를 책망하는 말씀이다.

11. 지혜는 유산 같이 아름답고 햇빛을 보는 자에게 유익이 되도다

11절 "지혜는 유산 같이 아름답고" 지혜와 유업을 겸하면 더욱 좋은 것이다.

"햇빛을 보는 자"는 살아 있는 자를 일컫는다. 햇빛을 못 보는 자는 죽은 자를 뜻한다.

12. 지혜의 그늘 아래에 있음은 돈의 그늘 아래에 있음과 같으나, 지혜에 관한 지식이 더 유익함은 지혜가 그 지혜 있는 자를 살리기 때문이니라

12절 "지혜도 보호하는 것이 되고" 지혜가 사람이나 마음을 보호하는 경우를 두고 한 말이다.

즉 하나님께서 주시는 지혜, 하나님을 경외하고 신앙함으로 얻어지는 지혜는 인간으로 하여금 어리석고 멸망의 길로 가는 것을 막아주고 오히려 의와 생명의 길로 인도해 준다는 것이다.

13. 하나님께서 행하시는 일을 보라 하나님께서 굽게 하신 것을 누가 능히 곧게 하겠느냐

13절 즉 하나님께서는 이 세상의 모든 일들을 작정, 주관하고 계시는 바 그의 통치 아래 있는 사람들은 성급하고 인내하지 못하는 자세로 하나님의 역사하시는 일에 대항하거나 거역하지 말고 순응해야 함을 암시해 준다는 말이다.

14. 형통한 날에는 기뻐하고 곤고한 날에는 되돌아 보아라 이 두 가지를 하나님이 병행하게 하사 사람이 그의 장래 일을 능히 헤아려 알지 못하게 하셨느니라

14절 "형통한 날" 형통은 달리 번영을 뜻한다. "곤고한 날" 곤고는 달리 역경을 뜻한다. "이 두 가지를 하나님이 병행하게 하사" 형통과 곤고, 번영과 역경이 병행하는 것은 형통한 날이 있으면 곤고한 날이 있다는 코헬렛의 두 때에 대한 명상의 연장이기도 하다.

"사람이 그의 장래 일을 능히 헤아려 알지 못하게 하셨느니라" 이미 3:11에서 코헬렛은 하나님이 사람에게 무지를 주시어서 사람의 인식의 한계를 정해 놓으신 것을 깨달은 것을 살핀 바 있다. 그래서 코헬렛은 권면한다. 좋은 때도 있고, 나쁜 때도 있으므로, 좋은 날에는 기뻐하고, 나쁜 날에는 근신하라는 것이다. 사람의 장래 일 즉 아직 나타나지 않은 미래 일을 의미한다.

15. 내 허무한 날을 사는 동안 내가 그 모든 일을 살펴 보았더니 자기의 의로움에도 불구하고 멸망하는 의인이 있고 자기의 악행에도 불구하고 장수하는 악인이 있으니

15절 전도서의 저자는 구약의 두 정통 교리에 이의를 제기하고 있다. 의로운 사람은 오래 살고 악인의 날은 짧다는 것이 구약의 전통 교리다. 의로운 자의 장수는 율법서와 성문서에 언급되어 있다. 부모를 공경하는 자, 여호와의 규례와 명령을 지키는 자, 지혜 교사가 가르쳐 준 인생 법도를 지키는 자, 여호와를 경외하는 자가 장수한다는 것이다.

반면에, 악한 자의 사는 날이 짧다는 것 역시 시편에서 자주 언급된다. 그러나 현실은 "자기의 의로움에도 불구하고 멸망하는 의인이 있고" 의로운 사람이 장수하는 것도 아니고, "자기의 악행에도 불구하고 장수하는 악인이 있으니" 악인이 반드시 요절하는 것도 아니다. 그래서 코헬렛은 다음 절에서 보는 것과 같은 놀라운 권면을 서슴지 않는다.

전도자는 선만을 행하는 의인이란 이 세상에 없다고 갈파하고 있거니와, 본 절은 자신의 의를 자랑하려드는 자들에 대한 역설적 경고라 하겠다.

16. 지나치게 의인이 되지도 말며 지나치게 지혜자도 되지 말라 어찌하여 스스로 패망하게 하겠느냐

16절 "지나치게 의인이 되지도 말며" 약간의 불의를 용납한다는 것처럼 들린다. 그러나 코헬렛의 의중을 살핀다면 이것은 유대교의 하시딤과 같은 극단적인 율법주의와 경건주의의 폐단을 경계하는 말이다.

"지나치게 지혜자도 되지 말라" 코헬렛은 지혜 교사이면서도 그의 학생들에게 지혜지상주의, 극단적인 지혜탐구를 경계한다. 결국 우리의 과불급, 과유불급과 유사한 교훈을 주고 있다. 정도를 지나침은 미치지 못함과 같다는 뜻으로, 중용이 중요함을 이르는 말로서 『논

어』의 "선진편"에 나오는 말이다.

"어찌하여 스스로 패망하게 하겠느냐" 코헬렛은 이러한 극단이 자멸을 초래할 수 있음을 경고한다.

17. 지나치게 악인이 되지도 말며 지나치게 우매한 자도 되지 말라 어찌하여 기한 전에 죽으려고 하느냐

17절 "지나치게 악인이 되지도 말며" 이것 역시 어느 정도의 경미한 악이 허용된다는 뜻이 아니다. 인간 행위의 한계성에 대한 인정이라고 보는 것이 좋을 것이다. "선을 행하고 죄를 범치 아니하는 의인은 세상에 아주 없느니라"(20절)고 말한 코헬렛의 관찰을 긍정적으로 받아들이라는 것이다.

"우매한 자도 되지 말라" 여기에서는 두 가지 이해가 가능하다. 하나는 16-17절의 평행법의 구조를 고려하여, "지나치게" 우매자가 되지 말라는 뜻으로, 다른 하나는 지나치게 악인이 되는 것은 어리석은 것이니 그렇게 어리석지 말라는 말로 이해할 수 있을 것이다.

"어찌하여 기한 전에 죽으려고 하느냐" 주어진 목숨을 다 누리지 못하고 일찍 죽는 것을 말하는 것으로 16절의 "어찌하여 스스로 패망케 하겠느냐"와 같은 의미의 다른 표현으로 볼 수 있다.

18. 너는 이것도 잡으며 저것에서도 네 손을 놓지 아니하는 것이 좋으니 하나님을 경외하는 자는 이 모든 일에서 벗어날 것임이니라

18절 "너는 이것도 잡으며 저것에서도 네 손을 놓지 아니하는 것이 좋으니" 중용의 길을 택하려는 권면이다. 극단을 피하는 것이다. "이것을 잡으며 저것을 놓지 마는 것"에서 이것은 16절의 경우를, 저것은 17절의 경우를 말하는 것으로 볼 수도 있다.

"하나님을 경외하는 자는 이 모든 일에서 벗어날 것임이니라" 하나님 경외가 극단을 피할 수 있는 능력을 줄 것을 말하고 있다. "이 모든 일"이란 16절의 '스스로 패망하는 것'과 17절의 '기한 전에 죽는 것'이라고 볼 수도 있다.

하나님을 경외한다는 것은 곧 하나님을 만유를 창조하시고 다스리시는 전능하신 분으로서 알고 경배한다는 뜻을 내포한다.

19. 지혜가 지혜자를 성읍 가운데에 있는 열 명의 권력자들보다 더 능력이 있게 하느니라

19절 유사는 어떤 단체의 사무를 맡아 보는 직무였다. 지금은 없지만 한국 감리교 초창기에 교회의 제반 사무, 특히 재무를 맡아 보는 직무가 유사였다. 감리교회에서는 유사와 함께 탁사라고 하는 것이 있어서 교회에 소속된 토지, 건물, 비품 등을 보관 수리하는 일을 맡아 보는 교직이 있었다. "유사"라고 번역된 히브리어 '살리트'는 '통치자'를 일컫는다. 지혜가 어떤 한 사람에게 지혜를 주면 그 한 사람이 열 명의 통치자보다 더 능력을 발휘한다는 것이다.

20. 선을 행하고 전혀 죄를 범하지 아니하는 의인은 세상에 없기 때문이로다

20절 "선을 행하고 전혀 죄를 범하지 아니하는 의인" 이런 사람은 세상에 없다는 것이다. 예수마저도 자신의 완전한 선함을 사양한 적이 있다.

21. 또한 사람들이 하는 모든 말에 네 마음을 두지 말라 그리하면 네 종이 너를 저주하는 것을 듣지 아니하리라

21절 죄악된 인간 본성의 보편성과 심각성은 말의 실수와 비신실함에서 두드러지게 나타난다. 그러므로 다른 사람의 말을 지나치게 의식하고, 특히 아첨하는 말에 마음을 두는 것은 스스로 올무에 빠져드는 것과 다름없다.

22. 너도 가끔 사람을 저주하였다는 것을 네 마음도 알고 있느니라

22절 모든 사람이 죄인이며 따라서 그들의 말에 지나치게 신경을 기울이는 것이 쓸모없음을, 자신이 남을 저주한 적이 있다는 사실을 언급함으로 확증하는 내용이다.

23. 내가 이 모든 것을 지혜로 시험하며 스스로 이르기를 내가 지혜자가 되리라 하였으나 지혜가 나를 멀리 하였도다

23절 한편으로는 인간적인 지혜로는 이 세상 모든 것을 헤아려 알 수 없음을 보여주며, 또 한편으로는 참다운 지혜는 인간 자신의 노력에 의해 스스로 얻어지는 것이 아니고 하나님의 은혜에 의해 주어지는 것임을 암시한다.

24. 이미 있는 것은 멀고 또 깊고 깊도다 누가 능히 통달하랴

24절 "무릇 된 것이" 달리, "무릇 존재하는 것이."
"누가 능히 통달하랴" 하나님께서 하시는 일에 대한 인간의 인식이

나 이해의 한계성에 대한 고백은 전도서에서 강조되는 주제들 중 하나다.

25. 내가 돌이켜 전심으로 지혜와 명철을 살피고 연구하여 악한 것이 얼마나 어리석은 것이요 어리석은 것이 얼마나 미친 것인 줄을 알고자 하였더니

25절 "지혜와 명철을 살피고 연구하여" 낯선 진술이 아니다. 이미 1~3장에서, 그리고 앞으로 9~10장 등에서도 같은 진술을 듣게 될 것이다.

"악한 것이 어리석은 것이요 어리석은 것이 미친 것" 코헬렛이 자신의 경험을 술회한다. 한곳으로만 정신을 쏟아 지혜가 무엇인지, 사물의 이치가 어떤 것인지를 연구하고 조사하고 이해하려고 하였던 것. 사악이 얼마나 어리석은 일이며, 우매가 얼마나 미친 일인지를 깨닫는 데에 정신을 쏟아 보았던 것을 진술한다.

26. 마음은 올무와 그물 같고 손은 포승 같은 여인은 사망보다 더 쓰다는 사실을 내가 알아내었도다 그러므로 하나님을 기쁘게 하는 자는 그 여인을 피하려니와 죄인은 그 여인에게 붙잡히리로다

26절 "마음은 올무와 그물 같고 손은 포승 같은 여인은 사망보다 더 쓰다" 코헬렛이 여성에 관하여 자신의 견해를 말하는 것은 참 드문 경우이다.

불행하게도 그의 여성 경험은 행복하지 못했다. 그가 만난 여성이 아내였는지 아니었는지는 잘 알 수 없다. 다만 그는 한 여성을 만나서 관찰하고서 여성 전체를 평가하는 남성의 한계를 벗어나지 못한

다. 그는 여성 일반을 말하는 것 같지는 않다. 그가 만난 여성은 마음이 올무와 그물 같다. 그의 손은 포승 같다. 아마 "하나님을 기쁘게 하는 자는 그 여인을 피하려니와 죄인은 그 여인에게 붙잡히리로다"라고 말한 것을 보면 그가 평생 함께 산 여성 같지는 않다고 생각할 수 있으나, 오히려 그 반대의 경우도 가상할 수 있다. 그렇게 평생 그런 여성과 함께 살았던 자신의 경험을 진술한 것일 수도 있기 때문이다.

여기서는 악한 여인을 대표적으로 선정하였을 뿐이며 또 이러한 여인의 올무로부터 벗어날 수 있는 길은 오직 '하나님을 기뻐하는' 것임을 상기시키는 데 주안점이 있다.

27. 전도자가 이르되 보라 내가 낱낱이 살펴 그 이치를 연구하여 이것을 깨달았노라

27절 사물의 이치를 궁구하다가 그가 발견한 것이 바로 매혹적인 여성에 대한 체험이다.

28. 내 마음이 계속 찾아 보았으나 아직도 찾지 못한 것이 이것이라 천 사람 가운데서 한 사람을 내가 찾았으나 이 모든 사람들 중에서 여자는 한 사람도 찾지 못하였느니라

28절 "일천 남자 중에서 하나를 얻었거니와" 남자 1,000명이면 그중에 한 남자쯤은 사람다운 사람으로 발탁할 만하다.

"일천 여인 중에서는 하나도 얻지 못하였느니라" 그런데 여성의 경우는 그렇지 못했다는 것이다. 여자 1,000명 중에는 발탁할 만한 인물이 한 여자도 없더라는 것이다. 여성에 대한 심한 편견이다.

'일천 남자 중에서 하나'에 대해 혹자는 죄짓기 전의 순수하고 무죄한 아담을 가리킨다고 하나 이보다는 하나님의 지혜를 얻은 자, 혹은 진정 하나님을 기쁘게 하는 자로 보는 것이 낫겠다. 또한 여기서는 남자보다 여자 가운데서 더 찾기가 어려운 사실을 말하고 있는데, 이는 인류 역사에서 최초로 타락한 자가 남자 아닌 여자라는 맥락에서 언급되어진 것으로 보인다.

29. 내가 깨달은 것은 오직 이것이라 곧 하나님은 사람을 정직하게 지으셨으나 사람이 많은 꾀들을 낸 것이니라

29절 "하나님은 사람을 정직하게 지으셨으나" 피조물로서의 사람은 창조 당시에는 완전히 정직한 존재로 창조되었다. 하나님의 형상을 닮은 존재로 창조되었다.

"사람이 많은 꾀들을 낸 것이니라" 그러나 이제 사람은 본래의 그 모습을 잃었다. 하나님의 형상이 뒤틀려 버렸다.

이는 앞 절에 이어 인간의 부패성, 죄악성을 나타낸 구절이다. 본절에서는 특히 아담 안에서 정죄된 인간들이 일생 동안 의롭지 못한 일을 획책함을 뜻하며 인간 부패의 근본 원인이 바로 자신에게 있음을 암시한다.

〈전도서 8장〉

1. 누가 지혜자와 같으며 누가 사물의 이치를 아는 자이냐 사람의 지혜는
   그의 얼굴에 광채가 나게 하나니 그의 얼굴의 사나운 것이 변하느니라

1절 "지혜자와 같은 자" 본문이 지혜자와 같은 사람이 누구인지를 묻고 있다. 평행법을 고려한다면 누가 지혜자인지 곧 알게 된다.

"사리의 해석을 아는 자"가 바로 지혜자다. '사리의 해석'이라고 할 때 '해석'이란 용어가 여기에 쓰인 것이 놀랍다.

그 지혜로 인해 심성, 마음이 변하고 그 결과 얼굴 빛이 변하게 됨을 나타내는 것이다. 특히 혹자는 지혜로 인해 얼굴에 광채가 나는 것은 그 지혜가 그에게 자비롭고 은혜로운 마음을 주었기 때문으로 보기도 한다.

2. 내가 권하노라 왕의 명령을 지키라 이미 하나님을 가리켜 맹세하였음
   이니라

2절 "내가 권하노라 왕의 명령을 지키라" 2-5절은 왕에 대한 신민의 태도가 어떠해야 하는지를 말한다. 전도서 저자는 독자들에게 왕명을 지키라고 권면한다.

"이미 하나님을 가리켜 맹세하였음이니라" 이유는 백성이나 신하로서 왕의 명령을 지키겠다고 대관식 때 하나님께 맹세했기 때문이라는 것이다. 왕의 대관식 때 왕명을 지키겠다는 언약이나 맹세가 있었던 것을 전제한 것이다.

왕에 대한 충성 맹세는 으레 여호와의 이름으로 한다. 그러면 듣는

이는 그것을 믿어야 한다.

3. 왕 앞에서 물러가기를 급하게 하지 말며 악한 것을 일삼지 말라 왕은
   자기가 하고자 하는 것을 다 행함이니라

3절 왕 앞에서 무례히 행치 말며 그의 권위에 온전히 순종해야 할
것을 가르치는 말이다.

"악한 것을 일삼지 말라" 히브리어 본문의 글자대로의 뜻은 '나쁜 일
을 가지고 (왕 앞에)서지 말라'는 것이다. 즉 '나쁜 말이나 일을 가지고
왕에게 맞서 고집 부리지 말라'는 것이다. 왜냐하면 "왕은 자기가 하
고자 하는 것을 다 행함이니라."

4. 왕의 말은 권능이 있나니 누가 그에게 이르기를 왕께서 무엇을 하시나
   이까 할 수 있으랴

4절 이는 3절 말씀의 연속으로서 왕은 하나님의 권위에 의해 세워
진 권세자이기 때문에 그의 말도 또한 권위가 있으며 감히 거역해서
는 안 된다는 의미이다.

5. 명령을 지키는 자는 불행을 알지 못하리라 지혜자의 마음은 때와 판단
   을 분변하나니

5절 "지혜자의 마음은 시기와 판단을 분변하나니" 시기와 판단을 분변
하는 것이 지혜다. 왕의 명령을 지키는 자는 화를 당하지 않고, 그런
지혜자는 행동을 해야 할 올바른 때와 행위의 올바른 방식을 판단하
여 행동하기 때문에 화를 모면한다.

6. 무슨 일에든지 때와 판단이 있으므로 사람에게 임하는 화가 심함이니라

6절 "사람에게 임하는 화가 심함이니라" 매사에 적절한 시기와 올바른 판단을 하지 못하면 화를 입는다는 말이다. 무슨 일에든지 때가 있고 법이 있는 것인데, 사람이 그것을 모르면 무리한 언행을 하게 되고 따라서 그가 당하는 비참함이 실로 크다는 말이다. 혹은 4절과 관련시켜 왕의 의중을 몰라서 화를 입는 것을 뜻할 수도 있다. 이런 이해는 7절에 관련시켜 볼 때도 가능하다.

7. 사람이 장래 일을 알지 못하나니 장래 일을 가르칠 자가 누구이랴

7절 4절 이하의 문맥과 관련시켜 무책임한 폭군, 권련만 있는 왕이 무슨 일을 저지를는지 아무도 모른다는 뜻으로 이해할 수 있다.

즉 사람은 장래 일을 가르칠 자가 없고 장래 일을 알지 못하는 바 지혜자는 시기와 판단을 잘 분변하라는 뜻으로 이해되어진다.

8. 바람을 주장하여 바람을 움직이게 할 사람도 없고 죽는 날을 주장할 사람도 없으며 전쟁할 때를 모면할 사람도 없으니 악이 그의 주민들을 건져낼 수는 없느니라

8절 7-8절은 인간의 지식의 한계, 인식 능력의 한계를 진술한 것이다. 즉 미래를 알 수도 없고, "생기를 주장하여 생기로 머무르게 할 사람도 없고" 생기는 영, 바람, 인간의 호흡 등 다양한 의미를 지닌다. 자연계의 여러 현상과 국면도 예측 못하고, "죽는 날을 주장할 사람도 없으며" 생기가 인간을 떠날 날도 예측하지 못한다.

"전쟁할 때를 모면할 사람도 없으니" 언제 전쟁이 일어날지도 모른다.

"악이 그의 주민들을 건져낼 수는 없느니라" 여러 가지 인간사가 어떻게 될지도 알 수 없다. 악한 음모가 음모를 꾸민 자를 건져내지도 못한다.

9. 내가 이 모든 것들을 보고 해 아래에서 행하는 모든 일을 마음에 두고 살핀즉 사람이 사람을 주장하여 해롭게 하는 때가 있도다

9절 "내가 이 모든 것들을 보고" 이런 것들이란 위 2~8절에서 진술된 내용들을 일컫는다.

"마음에 두고" 전도서에 자주 나오는 표현 중에 하나다. 코헬렛이 무엇에 관하여 연구할 때 마음을 집중하는 것을 뜻한다.

"사람이 사람을 주장하여 해롭게 하는 때가 있도다" 결론은 이 세상에는 한 사람이 다른 사람을 폭력으로 억압하여 그에게 화를 입히는 일이 있다는 것이다.

10. 그런 후에 내가 본즉 악인들은 장사지낸 바 되어 거룩한 곳을 떠나 그들이 그렇게 행한 성읍 안에서 잊어버린 바 되었으니 이것도 헛되도다

10절 본 절에서 '악인은 장사지낸 바 되어' 란 고대 근동 특히 히브리인들 사회에서 사람이 죽어 옳게 장사되어지는 것을 큰 축복과 영예로 여기는 바, 악인이 사회적으로 큰 명성과 영예를 얻고 존귀하게 취급받음을 암시한다.

"성읍 안에서 잊어버린 바 되었으니" 선한 이들이 죽어서 잊혀지고마는 것을 애석해 한다. "이것도 헛되도다" 그래서 세상사가 헛되다고 한다.

11. 악한 일에 관한 징벌이 속히 실행되지 아니하므로 인생들이 악을 행

하는 데에 마음이 담대하도다

11절 "악한 일에 관한 징벌이 속히 실행되지 아니하므로" 악한 일에 대한 징벌이 속히 오지 않아 사람들이 담대히 죄를 짓는다는 생각, 오히려 그 악인들이 착한 이들보다 더 잘산다는 생각은 시편의 시인에게서도 볼 수 있다.

즉 악인들은 인과 응보적 보응이 현실 속에서 즉각적으로 나타나지 않기 때문에 더욱 기승을 부리고 그 결과 더욱 악이 창궐해져 가는 것처럼 보인다는 말이다. 그러나 하나님께서 악인을 그 악행대로 곧 바로 심판, 처벌하지 않으신 데에는 하나님이 공의롭지 않으셔서가 아니라 하나님의 근본적인 여러 섭리가 있기 때문이다.

12. 죄인은 백 번이나 악을 행하고도 장수하거니와 또한 내가 아노니 하나님을 경외하여 그를 경외하는 자들은 잘 될 것이요

12절 '하나님을 경외'하는 것이란 일반적으로 하나님의 거룩성, 의, 위대하심 등을 깨닫고 연약한 인간이 감히 경거망동하지 아니하고 두려움과 경배심을 갖는 것을 뜻한다.

13. 악인은 잘 되지 못하며 장수하지 못하고 그 날이 그림자와 같으리니 이는 하나님을 경외하지 아니함이니라

13절 "악인은 잘 되지 못하며" 코헬렛은 한편으로는 12절에서 악인의 장수를 보면서 허탈해 하면서도, 다른 한편 13절에서는 그는 이런 현실을 보면서도 그것을 긍정적으로 용납하지 못한다.

"장수하지 못하고 그 날이 그림자와 같으리니" 하나님을 경외하는 자만이 잘되고 오래 살 것이라고 선언한다. 결국 13절은 정통 유대교의 교리를 반영한 것이다.

14. 세상에서 행해지는 헛된 일이 있나니 곧 악인들의 행위에 따라 벌을 받는 의인들도 있고 의인들의 행위에 따라 상을 받는 악인들도 있다는 것이라 내가 이르노니 이것도 헛되도다

14절 "악인들의 행위에 따라 벌을 받는 의인들도 있고" 7:15절에서 코헬렛이 한 말의 다른 표현이다. "자기의 의로운 중에서 멸망하는 의인이 있고"(7:15a). "의인들의 행위에 따라 상을 받는 악인들도 있다는 것이라" "자기의 악행 중에서 장수하는 악인이 있으니"(7:15b). 코헬렛으로서는 좌절감에서 벗어나지 못한다. "어찌하여 악인이 살고 수를 누리고 세력이 강하냐"(욥 21:7)하는 욥의 탄식도 같은 것이다.

"내가 이르노니 이것도 헛되도다" 의인이 되려고 하는 것도 악인이 안 되려고 애쓰는 것도 다 헛되다는 절망이다.

15. 이에 내가 희락을 찬양하노니 이는 사람이 먹고 마시고 즐거워하는 것보다 더 나은 것이 해 아래에는 없음이라 하나님이 사람을 해 아래에서 살게 하신 날 동안 수고하는 일 중에 그러한 일이 그와 함께 있을 것이니라

15절 즉 구조적 모순이 팽배한 이 세상에서 가장 즐겁게, 최선으로 살아가는 길은 하나님 안에서 그분이 주시는 은혜, 은사대로 먹고 마시며 삶을 즐기는 것이라고 역설하는 것이다. 특히 본 절에서 '수고하는 중에'란 노동의 신성함을 엿보게 한다. 즉 노동은 인간이 죄

를 범한 이후에 행하게 된 것이 아니라 그 이전부터 하나님께서 인간에게 부여하신 문화적 사명으로서 사람이 행해야 할 본분이다(창 2:15). 다만 인간이 범죄함으로 이 노동은 보다 힘들게 땀을 흘리며 수고해야 될 사역으로 변모되어졌다.

16. 내가 마음을 다하여 지혜를 알고자 하며 세상에서 행해지는 일을 보았는데 밤낮으로 자지 못하는 자도 있도다

16절 "마음을 다하여" 지혜를 탐구할 때나 세상 이치를 알고자 할 때 가지는 집중하는 태도를 일컫는다. 또한 하반절의 "밤낮으로 자지 못하는 자도 있도다" 란 본서 저자 전도자와 같이 지혜를 추구하며 세상사를 탐구하기 위해 불철주야 애쓰는 것을 뜻할 수도 있으나 많은 사람의 경우 이는 '노고'와 연관되어 이 세상에서 고된 일로 수고하고 애씀으로 잠을 자지 못하는 것으로 본다.

17. 또 내가 하나님의 모든 행사를 살펴 보니 해 아래에서 행해지는 일을 사람이 능히 알아낼 수 없도다 사람이 아무리 애써 알아보려고 할지라도 능히 알지 못하나니 비록 지혜자가 아노라 할지라도 능히 알아내지 못하리로다

17절 "해 아래에서 행해지는 일을 사람이 능히 알아낼 수 없도다" 지혜자의 인식의 한계는 곧 인간이 가질 수 있고 가지고 있는 그 지혜의 한계를 말하는 것이다. 그래서 인간은 하나님께서 하시는 일을 알 수 없다. 본 절은 스스로 지혜를 추구하며 하나님의 행하시는 일을 알고자 애쓰되 그 오묘하신 섭리와 역사를 능히 깨달을 수 없다는 내용이다.

〈전도서 9장〉

1. 이 모든 것을 내가 마음에 두고 이 모든 것을 살펴 본즉 의인들이나 지
　혜자들이나 그들의 행위나 모두 다 하나님의 손 안에 있으니 사랑을
　받을는지 미움을 받을는지 사람이 알지 못하는 것은 모두 그들의 미래
　의 일들임이니라

1절 "내가 마음에 두고" 전도서에 자주 나오는 코헬렛의 연구 태도
를 말하는 표현이다. 마음의 집중을 말하는 같은 뜻이다. "사랑을 받을
는지 미움을 받을는지" 코헬렛에게 있어서도 사람이 하나님에게 사랑
을 받는다는 것은 중요하다. 사람이 하나님에게 사랑을 받는다거나
미움을 받는다거나 하는 것은, 한편으로는, 하나님 자신의 뜻, 곧 그
의 자유에 달려 있고, 다른 한편으로는, 인간이 일하는 노고의 양에
달려 있는 것이 아니라, 하나님에 대한 사람의 태도에 달려 있다. "사
람이 알지 못하는 것은" 사람이 하나님에게 사랑을 받을지, 미움을 받
을지 알지 못한다는 것이다. 서로 이어지는 두 개 절, 곧 8:17과 9:1
에, 하나님이 하시는 일에 대한 인간의 인식 능력의 한계를 지적한
표현이 집중적으로 4번이나 나오는 것도 특이하다. 전도서 저자가
잘 쓰는 말이면서 동시에 전도자의 사상을 알 수 있는 실마리를 제공
하는 표현이다. "모두 그들의 미래의 일들임이니라" 그것이 미래에 속한
것이기 때문이다.

5. 하나님의 지혜를 따르는 자는 참 지혜자다.(9:2~10:1)

〈전도서 9장〉

> 2. 모든 사람에게 임하는 그 모든 것이 일반이라 의인과 악인, 선한 자와 깨끗한 자와 깨끗하지 아니한 자, 제사를 드리는 자와 제사를 드리지 아니하는 자에게 일어나는 일들이 모두 일반이니 선인과 죄인, 맹세하는 자와 맹세하기를 무서워하는 자가 일반이로다

2절 "모든 사람에게 임하는 그 모든 것이 일반이라" 모든 사람을 대표하는 이들이 대칭되는 짝을 이루어 언급되고 있다.

"의인과 악인, 선한 자와 깨끗한 자와 깨끗하지 아니한 자" 제사의식과 관련하여 정결한 자를 선하다고 하고, 제사의식과 관련하여 부정한 자를 대립시킨다.

"제사를 드리는 자와 제사를 드리지 아니하는 자" 종교를 가진 이와 같지 않은 이를 말한다. "선인과 죄인" 선인과 죄인이 동일한 취급을 당한다는 맥락에서 다시 한번 대조되어 언급되고 있다.

"맹세하는 자와 맹세하기를 무서워하는 자" 하나님에게 서약을 하는 사람과 서약하는 것을 두려워하는 이들을 대조시키고 있다. 이렇게 대조되는 사람들, 서로 다른 가치를 인정받은 사람들이 결국은 하나님 앞에서 동일한 취급을 받는다는 것을 코헬렛은 관찰한다. 모두에게 임하는 모든 것이 일반이라고 번역된 히브리어 '학콜 미크레 엑하드'는 모든 사람에게 한 가지 같은 일이 반드시 발생한다는 뜻이다. 여기서 모든 사람에게 똑같이 임하는 일이란 죽음을 가리키는 것이다.

즉 이 세상에서는 선인과 악인, 의인과 불의자, 정결한 자와 부정한 자 등의 구별이 없이 모든 사람에게 유사한 상황이 임하게 된다는 뜻이다.

3. 모든 사람의 결국은 일반이라 이것은 해 아래에서 행해지는 모든 일 중의 악한 것이니 곧 인생의 마음에는 악이 가득하여 그들의 평생에 미친 마음을 품고 있다가 후에는 죽은 자들에게로 돌아가는 것이라

3절 "모든 일 중의 악한 것" 곧 가장 악한 것이라는 뜻이다. 히브리어 '제라아 브콜'은 '모든 일 중에 악한 것'이란 뜻이 아니라, 문법적으로 최상급을 표현한 것으로서 '가장 악한 것', '가장 불행한 것'을 말한다.

"인생의 마음에는 악이 가득하여" 평생 악을 품고 미친 듯이 살다가, "후에는 죽은 자들에게로 돌아가는 것이라" 죽게 됨을 두고 한 말이다.

전도자는 모든 사람에게 같은 사건이 임한다는 사실 자체가 커다란 악이라고 지적하며 나아가 인간 본성 자체가 악하다고 본다. 이러한 악은 인생의 내면 전체를 부패케 하며, 돌이킬 수 없는 것이며 또한 압도적인 영향력을 발휘하는 것으로 묘사하고 있다.

4. 모든 산 자들 중에 들어 있는 자에게는 누구나 소망이 있음은 산 개가 죽은 사자보다 낫기 때문이니라

4절 "모든 산 자들 중에 들어 있는 자에게는 누구나 소망이 있음은" 살아 있는 사람 속에 섞여 있는 자들이 가지고 있는 소망은 어떤 것인가? 7-10절에 나와 있는 것 같이 먹을 수 있고, 마실 수 있고, 기뻐할 수

있는 소망을 말한다.

천하고 남에게 경멸받는 자라 할지라도, 산 자가 비록 능력있고 위풍당당하나 죽은 자보다 더 낫다는 뜻이다.

5. 산 자들은 죽을 줄을 알되 죽은 자들은 아무것도 모르며 그들이 다시는 상을 받지 못하는 것은 그들의 이름이 잊어버린 바 됨이니라

5절 죽은 영혼이 잠과 같이 무의식 상태에 빠져있음을 나타낸다기보다는 이 세상에서 삶의 기쁨을 향유할 능력이 없다는 관점에서 이해되어져야 한다. 또한 본 절의 상도 이 세상에 살면서 수고 가운데 얻어 누리는 삶의 기쁨, 낙 등을 암시한다.

전도자는 이 잊혀짐을 인생의 큰 비극중의 하나로 본다. 즉, 본 절은 내세의 삶이 현세의 삶에 의해 좌우되므로 한 번 뿐인 삶의 기회가 얼마나 중요한지를 교훈해 준다.

6. 그들의 사랑과 미움과 시기도 없어진 지 오래이니 해 아래에서 행하는 모든 일 중에서 그들에게 돌아갈 몫은 영원히 없느니라

6절 "그들의 사랑과 미움과 시기도 없어진 지 오래이니" 죽음의 세계에서는 사랑도 증오도 시기도 없다. 살아 있을 때 가지고 있던 강렬한 열정이 죽음의 적막 속에서는 침묵에 묻힌다.

7. 너는 가서 기쁨으로 네 음식물을 먹고 즐거운 마음으로 네 포도주를 마실지어다 이는 하나님이 네가 하는 일들을 벌써 기쁘게 받으셨음이니라

7절 "기쁨으로 네 음식물을 먹고" 기쁨으로 네 음식물을 먹으라는 것은 기쁘게 네 밥을 먹으라는 뜻이다.

"즐거운 마음으로 네 포도주를 마실지어다" 이스라엘 식사 생활에서 빵과 포도주는 주식에 속한다. 특히 안식일이나 절기 식단에서 포도주는 필수다. 그것이 그대로 기독교의 성만찬의 주요 요소가 되었다.

하나님께서 주신 은혜 안에서 최선의 삶을 살아가며 낙을 누릴 것을 권고하는 말씀이다.

8. 네 의복을 항상 희게 하며 네 머리에 향 기름을 그치지 아니하도록 할지니라

8절 "네 의복을 항상 희게 하며" 옷을 정결하게 입으라는 말이다. 자주 세탁하여 항상 깨끗한 새 옷 같게 그렇게 옷을 입으라는 말이다.

"네 머리에 향 기름을 그치지 아니하도록 할지니라" 화장 향수를 뿌린다는 말, 머리에 기름을 바른다는 말 등으로 이해될 수 있는 표현이다.

9. 네 헛된 평생의 모든 날 곧 하나님이 해 아래에서 네게 주신 모든 헛된 날에 네가 사랑하는 아내와 함께 즐겁게 살지어다 그것이 네가 평생에 해 아래에서 수고하고 얻은 네 몫이니라

9절 "사랑하는 아내" 먹고, 마시고, 즐겁게 살라는 충고는 여러 번 있었으나, "아내"와 더불어 즐겁게 살라고 코헬렛이 말한 것은 여기가 처음이자 마지막이다. "네 헛된 평생의 모든 날, 곧 하나님이 해 아래서 네게 주신 모든 헛된 날에" 지금까지 함께 살면서 사랑해 온 "그 아내"와 "즐겁게 살라"는 것이다. 즉 "네가 사랑하는 아내"가 아니라 "네가 평생 사랑해 온 그 아내"와 함께 즐겁게 살라고 한다.

인생의 참된 낙을 누리지 못하고 오히려 허무함을 느낀 후에 말한 것으로서, 참된 낙을 누리는 방법 중 하나는 하나님이 정해 주신 아내와 함께 즐겁게 살아가는 것임을 암시하고자 한 것 같다.

10. 네 손이 일을 얻는 대로 힘을 다하여 할지어다 네가 장차 들어갈 스올에는 일도 없고 계획도 없고 지식도 없고 지혜도 없음이니라

10절 이는 인생의 행복이 수고하는 가운데 낙을 누리는 것인 바 진정 낙을 누리고자 한다면 맡겨진 일에 최선을 다할 것을 촉구하는 말씀이다.

11. 내가 다시 해 아래에서 보니 빠른 경주자들이라고 선착하는 것이 아니며 용사들이라고 전쟁에 승리하는 것이 아니며 지혜자들이라고 음식물을 얻는 것도 아니며 명철자들이라고 재물을 얻는 것도 아니며 지식인들이라고 은총을 입는 것이 아니니 이는 시기와 기회는 그들 모두에게 임함이니라

11절 "내가 다시 해 아래에서 보니" 자신이 관찰하고 발견한 바를 진술할 때마다 사용하는 표현이다.

"빠른 경주자들이라고 선착하는 것이 아니며" 어떤 능력이나 기술이 늘 같은 기능을 하는 것이 아니라고 하는 것은 이런 생각은 예언전승에서도 발견된다.

"용사들이라고 전쟁에 승리하는 것이 아니며" 전쟁에서 이길 조건을 갖춘 자도 때로는 그 기능을 발휘하지 못하여 패한다.

"지혜자들이라고 음식물을 얻는 것도 아니며" 식물을 얻는다는 것은 사압의 반창을 말한다. 그러나 지혜자도 기아에 직면할 수도 있다.

"명철자들이라고 재물을 얻는 것도 아니며" 머리가 좋고 판단력이 월등하다고 해서 늘 돈을 버는 것은 아니다. 그런 사람도 망할 때가 있다.

"지식인들이라고 은총을 입는 것이 아니니" 좋은 기술을 가졌다고 해서 늘 대우를 받는 것 아니다. 토사구팽도 있다.

"이는 시기와 기회는 그들 모두에게 임함이니라" 시기는 때를 말한다. 우연은 기회를 말한다. 모든 사람에게 때와 기회가 있다는 말이다.

이는 이 세상에서 얻는 수고와 보상, 즉 삶의 낙을 누리는 분복이 자기 자신의 노력이나 힘에 의해서만 얻어지는 것이 아니고 근본적으로는 하나님의 은혜와 주권에 의한 것임을 암시한다.

12. 분명히 사람은 자기의 시기도 알지 못하나니 물고기들이 재난의 그물에 걸리고 새들이 올무에 걸림 같이 인생들도 재앙의 날이 그들에게 홀연히 임하면 거기에 걸리느니라

12절 "사람은 자기의 시기도 알지 못하나니" 누구에게나 오는 시기와 기회를 사람은 알지 못한다. 여기 시기는 '재난의 때', '불행의 때'를 말한다. 그것은 마치 "물고기들이 재난의 그물에 걸리고 새들이 올무에 걸림"같은 것이다.

궁극적으로는 죽음의 때를 가리키나 그 외 불행의 때를 함축하는 말로도 쓰였다.

"인생들도 재앙의 날이 그들에게 홀연히 임하면 거기에 걸리느니라" 사람도 별 수 없다. 재앙의 날이 오면 속절없이 걸려들고 만다.

13. 내가 또 해 아래에서 지혜를 보고 내가 크게 여긴 것이 이러하니

13절 코헬렛은 지혜가 가진 힘, 권력과 무력보다 더 큰 힘을 확인한 경험을 말하려고 한다.

14. 곧 작고 인구가 많지 아니한 어떤 성읍에 큰 왕이 와서 그것을 에워싸고 큰 흉벽을 쌓고 치고자 할 때에

14절 "곧 작고 인구가 많지 아니한 어떤 성읍에 큰 왕이 와서" 전쟁은 처음부터 누가 이기고 질 것인지 결정된 상태다.

"에워싸고 큰 흉벽을 쌓고 치고자 할 때에" 대군이 공격 준비를 하고 있다. 먼저 성을 포위하고 모든 생활필수품의 공급을 막고, 때로는 성밖에 있는 샘의 수로를 막을 수도 있다. 흉벽은 성 높이만큼의 둔덕을 만들어 성 내부를 공격하기 위한 발판이다.

15. 그 성읍 가운데에 가난한 지혜자가 있어서 그의 지혜로 그 성읍을 건진 그것이라 그러나 그 가난한 자를 기억하는 사람이 없었도다

15절 "그 성읍 가운데에 가난한 지혜자가 있어서" 이야기에서 중요한 것은 지혜자가 가난한 사람이었다는 것이다.

"그의 지혜로 그 성읍을 건진 그것이라" 아마 지혜자가 성을 포위하고 공격해 오려고 위협을 주고 있는 왕에게 지혜자가 지혜로 설득하여 왕이 공격을 하지 않고 포위를 풀고 돌아가게 한 것 같다.

"그러나 그 가난한 자를 기억하는 사람이 없었도다" 얼마 후 이 성이 안정을 되찾았을 때는 아무도 이 지혜자가 세운 공을 기억해 주지 않았다. 그가 지혜자는 지혜자였지만 '가난한' 지혜자였음을 코헬렛은 지적하고 있다.

이는 성읍을 구한 가난한 지혜자에 대해 보상하거나 감사치 아니했음을 암시한다.

16. 그러므로 내가 이르기를 지혜가 힘보다 나으나 가난한 자의 지혜가 멸시를 받고 그의 말들을 사람들이 듣지 아니한다 하였노라

16절 이는 지혜의 능력이 일반 세상 사람들에 의해 무시되었고 경멸되어지는 것을 나타낸다. 특히 이는 지혜자의 외적 조건, 즉 가난하다는 요인으로 인한 것으로써 외모로 모든 것을 평가하는 세상 사람들의 무지와 모순을 드러내며, 전도자로 하여금 모든 것이 헛됨을 느끼게 한 요소들 중 하나이다.

17. 조용히 들리는 지혜자들의 말들이 우매한 자들을 다스리는 자의 호령보다 나으니라

17절 비록 가난한 지혜자를 사람들이 오래 기억해 주지는 않았지만 지혜자의 종용한 말이 군사력보다 더 큰 힘을 발휘하여 호령보다 힘이 있었음을 말하고 있다.

또한 이 말씀은 신약의 관점에서 볼 때 참 지혜자가 되시는 그리스도께서 이 세상에 오시어 하나님의 복음을 전하실 때 "그가 다투지도 아니하며 들레지도 아니하리니 아무도 길에서 그 소리를 듣지 못하리라"(마 12:19)는 말씀을 생각게 한다.

18. 지혜가 무기보다 나으니라 그러나 죄인 한 사람이 많은 선을 무너지

게 하느니라

18절 여기에서도 작은 것이 큰 것보다 위력을 발휘하는 예를 들고 있다. 죄인 한 사람이 여러 사람이 이룩한 선한 많은 업적을 망칠 수 있다는 말이다. "패괴하다"는 '깨뜨려서 무너뜨리다'라는 뜻이다.

〈전도서 10장〉

1. 죽은 파리들이 향기름을 악취가 나게 만드는 것 같이 적은 우매가 지혜와 존귀를 난처하게 만드느니라

1절 "죽은 파리" 죽음의 파리들을 뜻한다. "향기름을 악취가 나게 만드는 것 같이" 죽은 파리가 향 기름을 부패하게 한다. "적은 우매가 지혜와 존귀를 난처하게 만드느니라" 못난 것일수록 그와 같이 있는 동료를 망신시킨다는 말이다.

6. 하나님 신앙으로 인생의 절대성 회복과 인간의 윤리 확립이 회복된다(10:2~11:8)

〈전도서 10장〉

2. 지혜자의 마음은 오른쪽에 있고 우매자의 마음은 왼쪽에 있느니라

2절 "지혜자의 마음은" 지혜자가 가지고 있는 좋은 방향 감각을 일컫는다.

"오른쪽에 있고" 문화에 따라 오른편과 왼편이 가지는 의미가 다를 수 있다. 히브리적 사고에서 오른편은 귀한 자리다. 뜻을 살린다면 지혜자가 가지고 있는 좋은 감각은 그를 올바른 길로 인도한다.

"우매자의 마음은 왼쪽에 있느니라" 센스가 없는 어리석은 자는 스스로 그릇된 길, 곁길로 빠진다는 뜻이다.

3. 우매한 자는 길을 갈 때에도 지혜가 부족하여 각 사람에게 자기가 우매함을 말하느니라

3절 "길을 갈 때에도" 길을 걸을 때, 혹은 여행할 때 "각 사람에게 자기가 우매함을 말하느니라" 우매자는 '나 바보요' 하면서 자기가 우매자라는 것을 스스로 떠들면서 다니기 때문에 누구나 그가 우매자라는 것을 안다는 것이다.

이는 우매한 자가 자신이 지니고 있는 여러 우매한 사실, 성질 등을 말한다는 뜻이 아니고 그 자신 자체가 우매하다는 것을 말한다는 뜻이다. 즉 어리석은 자는 자신이 어리석음에도 불구하고 스스로 지

혜로운 체 말하고 훈계하려 함으로써 자신의 어리석음을 드러낸다는 뜻이다.

4. 주권자가 네게 분을 일으키거든 너는 네 자리를 떠나지 말라 공손함이 큰 허물을 용서 받게 하느니라

4절 "주권자가" 히브리어 '모셀'의 번역이다. 통치자를 일컫는다. 왕일 수도 있고, 상관일 수도 있다.

"너는 네 자리를 떠나지 말라" 그 자리를 피해 나와 버리는 것, 혹은 신하로서 맡은 직책을 사직하는 것일 수도 있다.

"공손함이 큰 허물을 용서 받게 하느니라" 침착한 자세, 조용한 응답이 큰 화를 막을 수 있다.

즉 주권자의 분에 대해 배척하는 자세를 취하지 말고 수용하는 태도를 가지라는 뜻으로서 또 한편으로는 자신의 실수와 잘못을 겸손히 인정하고 그에 대한 대가를 감내하라는 의미로도 볼 수 있다.

5. 내가 해 아래에서 한 가지 재난을 보았노니 곧 주권자에게서 나오는 허물이라

5절 "해 아래에서 한 가지 재난" 코헬렛이 즐겨 쓰는 표현이다.

"주권자에게서 나오는 허물이라" '일종의 주권자의 오판', '일종의 통치자의 잘못' 등으로 번역될 수 있는 말이다. 허물이라는 판단을 보류하고 있는 것이다.

6. 우매한 자가 크게 높은 지위들을 얻고 부자들이 낮은 지위에 앉는도다

6절 "우매한 자가 크게 높은 지위들을 얻고" 군주제도의 폐단은 적재적소를 벗어난 인사배치를 할 기회가 많다는 것이다.

"부자들이 낮은 지위에 앉는도다" 부자라고 해서 꼭 고위직에 올라가는 것은 아니다. 여기에서는 이미 검증된 유능인사를 하위직에 앉히는 것을 지적한 것으로 볼 수도 있다.

7. 또 내가 보았노니 종들은 말을 타고 고관들은 종들처럼 땅에 걸어 다니는도다

7절 "종들은 말을 타고 고관들은 종들처럼 땅에 걸어 다니는도다" 코헬렛은 계속하여 군주의 사려 깊지 못한 잘못된 인사배치를 폐단으로 지목하고 있다. 종이 말을 탄다는 것은 종이 고위직에 임명을 받았다는 말이다. 방백 곧 고위직 인사가 걸어 다닌다는 것은 그의 직위가 말을 탈 직위가 아닌 하위직이라는 것이다. 지혜자들이 늘 경계한 것이 이런 사태였다.

따라서 본 절은 사회적으로 하층 계급에 속한 자가 존귀한 위치에 처하고 사회적으로 존귀히 여김받아야 할 자들이 낮은 자리에 처한다는 뜻을 나타내는 것으로서 사회적 모순을 드러낸 말이다.

8. 함정을 파는 자는 거기에 빠질 것이요 담을 허는 자는 뱀에게 물리리라

8절 "함정을 파는 자는 거기에 빠질 것이요" 여기서 '함정을 파는 자'란 남에게 해를 가하기 위해 남몰래 구덩이를 파는 자이다.

즉 지혜자는 어느 곳에서나 위험을 의식하고 있으나 지혜로 말미암아 그 위험으로부터 보호받고 있음을 말하고자 하는 것이다.

"담을 허는 자는 뱀에게 물리리라" '담을 허는 자'란 다른 사람의 곡물을 해하기 위해서 포도원이나 기타 동산 등의 담 또는 남의 재산을 훔치기 위해 남의 집의 담벽을 허는 악한 자를 가리킨다.

9. 돌들을 떠내는 자는 그로 말미암아 상할 것이요 나무들을 쪼개는 자는 그로 말미암아 위험을 당하리라

9절 본 문구의 의미를 하반절과 같이 이스라엘 백성들의 일상생활 가운데서 행해지는 일에 있어서의 위험성을 지적하는 뜻으로 본다. 즉 해를 가한다는 의미로서 과일 나무를 도끼로 패는 자를 뜻할 수도 있다.

10. 연장이 무디어졌는데도 날을 갈지 아니하면 힘이 더 드느니라 오직 지혜는 성공하기에 유익하니라

10절 "연장이 무디어졌는데도 날을 갈지 아니하면 힘이 더 드느니라" 유용한 도구도 잘 길들여 가며 사용하여야 효과적인 것을 가르쳐 준다.
"오직 지혜는 성공하기에 유익하니라" 필요한 지식을 습득하면 일을 효과적으로 할 수 있고 결과도 더 좋을 수 있음을 가르치고 있다.
다시 말하면 이는 8, 9절에서 암시되어지는 바 지혜롭지 못하게 행동함으로 여러 해를 당하듯이 무딘 철 연장처럼 지혜를 갈고 닦지 않으면 해를 당할 수밖에 없음을 나타낸다.

11. 주술을 베풀기 전에 뱀에게 물렸으면 술객은 소용이 없느니라

11절 주술이란 방법과 기술을 아울러 이르는 말이다. 여기에서는 뱀을 길들여 부리는 사람이 쓰는 술법을 말한다. 모든 일은 제 나름대로 위험한 구석이 있고, 또 사람인 이상 실수를 할 수도 있다. 뱀에게 물리는 방술사는 이미 자격이 없다. 고대 근동의 방술사에 관한 언급이 구약에 있다.

12. 지혜자의 입의 말들은 은혜로우나 우매자의 입술들은 자기를 삼키나니

12절 "지혜자의 입의 말들은 은혜로우나" 여기서 '지혜자'란 특히 여호와를 경외함으로써 받게 되는 신령한 지혜를 소유한 자를 가리킨다. 특히 이 지혜자의 말은 8-11절에서 암시되어지는바 어리석어서 일 가운데 여러 해를 당할 자에게 참된 길, 올바른 방법 등을 제공해 줌으로 복된 길을 가게 한다.

"우매자의 입술들은 자기를 삼키나니" 상반절과 대조를 이루는 것으로서 우매자의 말은 남에게 생명력을 주고 은혜를 공급하기는커녕 오히려 말하는 그 자신마저 곤고케하며 스스로 패망케 함을 나타낸다. 특히 우매자는 그 속에 간직하고 있는 어리석은 것을 드러냄으로 그의 명예와 권위 및 능력 등을 소멸시키며 자기 자신을 비천하게 만든다.

13. 그의 입의 말들의 시작은 우매요 그의 입의 결말들은 심히 미친 것이니라

13절 즉 우매자는 그 속에 있는 바 어리석은 것을 말할 뿐만 아니라 이치와 도리에도 맞지 않는 말을 정신없이 지껄이되 특히 도덕적, 윤리적인 면에서 사악하게 말한다. 그리고 이런 말은 곧 도덕적으로 타락한 상태를 나타내며 그 결과 자신을 파멸케 한다.

14. 우매한 자는 말을 많이 하거니와 사람은 장래 일을 알지 못하나니 나중에 일어날 일을 누가 그에게 알리리요

14절 "우매한 자는 말을 많이 하거니와" 우매자의 특징 중 하나가 말이 많은 것이다. 지혜자는 뭘 알아도 그것이 어떤 한계 안의 지식이고 지혜이기 때문에 말을 삼가는데, 우매자는 그것을 하지 못한다.

우매자는 처음부터 어리석음을 지껄이면서도 자기 자신은 스스로 지혜로운 것으로 착각하고 계속 말을 많이 한다는 뜻이다.

15. 우매한 자들의 수고는 자신을 피곤하게 할 뿐이라 그들은 성읍에 들어갈 줄도 알지 못함이니라

15절 "우매한 자들의 수고는 자신을 피곤하게 할 뿐이라" 우매자는 아무리 애써서 어떤 일을 도모한다 할지라도 풍성한 결과를 산출하는 것이 아니라 오히려 그 자신만을 기진맥진하게 하고 무익함만을 남긴다는 것이다.

"그들은 성읍에 들어갈 줄도 알지 못함이니라" 이는 가장 기본적인 일, 즉 모든 사람에게 쉽고 친숙한 일조차 알지 못한다는 우매자의 무지성을 암시한다. 이는 스스로 파멸에 이르게 하는 우매자의 도덕적, 지적 나태성과 깊은 관련을 나타내는 말이다.

16. 왕은 어리고 대신들은 아침부터 잔치하는 나라여 네게 화가 있도다

16절 "왕은 어리고" 즉 전도자는 한 나라의 왕이 정신적으로 성숙되지 못하여 지혜롭지 못할 때의 불행을 언급하고 있는 것이다.

"대신들은 아침부터 잔치하는" 즉 아침부터 잔치를 벌여 허랑방탕하

게 지냄을 나타내며 일국의 국사를 알아볼 중요한 위치에 있는 고위 관리들이 지혜롭지 못하고 자기 탐욕과 쾌락만 추구한다는 뜻을 내포한다.

17. 왕은 귀족들의 아들이요 대신들은 취하지 아니하고 기력을 보하려고 정한 때에 먹는 나라여 네게 복이 있도다

17절 "왕은 귀족들의 아들이요" 왕이 갓난아이나 신생아 같은 어린 적자가 아니다 왕위를 맡을 만한 적격자가 왕으로 다스린다.

"대신들은 취하지 아니하고 기력을 보하려고 정한 때에 먹는" 고위직 관리들의 식생활이 질서가 있다. 그들의 음식은 기력을 보충하려는 것일 뿐이다. 아무 때나 흥청망청 먹고 마시는 이들이 아니다.

"나라여 네게 복이 있도다" 코헬렛은 이런 나라를 복되다고 한다.

18. 게으른즉 서까래가 내려앉고 손을 놓은즉 집이 새느니라

18절 이는 16, 17절에 이어지는 비유적인 표현으로서 왕 또는 대신들이 게으르고 허랑방탕하게 생활하고 치리할 경우 그 나라가 망하고 파탄에 이른다는 경고적인 말이다. 여기서 '석가래'란 지붕의 중앙 꼭대기에서 처마 쪽으로 내려 얹은 긴 통나무를 뜻하는데, 혹자는 팔레스틴의 가옥 구조상 지붕을 평평하게 만들었다는데 근거하여 이 석가래를 '지붕'과 같은 의미로 이해하기도 한다. 손이 완전히 축 처져 힘없이 된 것, 즉 게으름으로 인해 일할 의욕을 상실한 상태를 암시한다.

19. 잔치는 희락을 위하여 베푸는 것이요 포도주는 생명을 기쁘게 하는
   것이나 돈은 범사에 이용되느니라

19절 "잔치는 희락을 위하여 베푸는 것이요" 세 가지 주제가 교묘하게
결합되어 있다. 잔치를 우리에게 즐거움을 준다.

"포도주는 생명을 기쁘게 하는 것이나" 포도주는 우리에게 기쁨을 준다.

"돈은 범사에 이용되느니라" 돈은 우리에게 모든 것을 다 준다.

이 역시 방탕하고 우둔한 자들에게는 돈이 모든 것을 해결해 주는
만능 열쇠처럼 여겨진다는 의미이다.

20. 심중에라도 왕을 저주하지 말며 침실에서라도 부자를 저주하지 말라
   공중의 새가 그 소리를 전하고 날짐승이 그 일을 전파할 것임이니라

20절 "심중에라도" 생각으로라도 로 번역된다.

"왕을 저주하지 말며" 왕을 욕하거나 우습게 여기거나 저주하거나
하지 말라고 한다.

"침실에서라도 부자를 저주하지 말라" 여기 부자는 단순한 부자일 수
도 있고, 권력을 지닌 부자일 수도 있고, 왕 자신일 수도 있다.

"공중의 새가 그 소리를 전하고 날짐승이 그 일을 전파할 것임이니라" 즉
19절을 왕의 말로 보고 왕이 그런 말을 하더라도 왕을 욕해서는 안
된다는 것으로 이해한다.

왕에 대한 권위를 인정하며 왕에 대해 반역적인 마음을 품지 말라는
말이다.

〈전도서 11장〉

1. 너는 네 떡을 물 위에 던져라 여러 날 후에 도로 찾으리라

1절 "너는 네 떡을 물 위에 던져라" 상징적인 표현이다. 달리 은혜를 베푸는 행위로 볼 수도 있다. 불의의 재물로 친구를 사귀는 것과 같은 것이다.

"여러 날 후에 도로 찾으리라" 여러 날 후에 이윤이 돌아올 것이다.

혹은 자선을 베푼 사람이 어려움을 당할 은혜를 입은 이들이 그를 갚을 것이라는 것이다.

자선 또는 구제 생활을 권면하는 말로서 남을 위해 선을 베풀고 쌓으면 이내 그것은 좋은 결과로서 자기 자신에게 돌아온다는 뜻이다.

2. 일곱에게나 여덟에게 나눠 줄지어다 무슨 재앙이 땅에 임할는지 네가 알지 못함이니라

2절 "일곱에게나 여덟에게 나눠 줄지어다" 무역을 해도 여러 배에 분산해서 할 것이고, 자선을 베풀어도 여러 대상에게 베풀라는 것이다.

"무슨 재앙이 땅에 임할는지 네가 알지 못함이니라" 투자나 무역에는 언제 어떤 재난이 닥쳐올지 모르기 때문이다. 재앙이 닥칠 때 일부는 잃더라도 일부는 건져야 하기 때문이다. 자선을 베풀 경우도 혜택을 입었다고 그들이 시혜자가 어려움 당할 때 모두 다 도와주는 것은 아니다. 받은 은혜를 잊은 사람들도 많을 것이기 때문이다. 그러나 여러 사람에게 베풀면 그중 얼마는 보은 할 것이다.

다시 말하면 사람이 이 세상을 사는 동안 언제 어떤 재앙이 임할는

지 모르기 때문에 평소 넉넉할 때 다른 사람에게 덕을 베풂으로 재앙 시 같은 도움을 입을 수 있도록 하라는 뜻이다.

이는 예수님께서 말씀하신 바 부자의 청지기 비유와 유사하다.

3. 구름에 비가 가득하면 땅에 쏟아지며 나무가 남으로나 북으로나 쓰러지면 그 쓰러진 곳에 그냥 있으리라

3절 "구름에 비가 가득하면 땅에 쏟아지며" 인간이 마주치는 속수무책의 상황을 두 가지 예를 들어 말하고 있다. 구름에 비가 가득하면 쏟아지고야 만다. 인간이 그것을 막을 수는 없다.

이는 구름에 비가 가득할 경우 반드시 쏟아져 내린다는 자연의 불변의 법칙을 나타낸 것으로서 때로는 이 세상사는 가운데 알지 못하는 불특정한 재앙들에 직면할 수밖에 없다는 사실을 강력히 상기시킨다.

"나무가 남으로나 북으로나 쓰러지면 그 쓰러진 곳에 그냥 있으리라" 폭풍에 나무가 쓰러진다면 인간이 그것을 다른 곳에 옮겨 놓을 수은 없다는 것은 나무와 관련된 점괘와 관련된 것일 수도 있다. 나무 막대기를 던져 점을 쳐서 그것이 땅에 떨어져 가리키는 방향을 보고 행동의 방향을 결정한다 할 때, 막대기를 던져 일단 그것이 어떤 방향을 향해 떨어졌다면, 사람이 그 결과에 승복할 수밖에 없었던 옛 점 행위의 분위기를 여기서 보는 이들도 있다.

이는 내일 일을 알 수 없는 인간의 연약성 또는 재앙의 엄중성을 나타냄으로 1, 2 절에서 암시하는 바 평안하고 넉넉할 때 베풀며 살라는 뜻을 강조한다.

4. 풍세를 살펴보는 자는 파종하지 못할 것이요 구름만 바라보는 자는 거두지 못하리라

4절 "풍세를 살펴보는 자는 파종하지 못할 것이요" 밭에 씨를 파종할 사람은 바람이 잦아들기를 기다렸다가 일을 할 것이다.

"구름만 바라보는 자는 거두지 못하리라" 구름이 비를 머금고 있는 것을 본 농부라면 수확을 늦출 것이다. 비가 갠 다음에 곡식을 거두어들일 것이다. 이것이 다 지혜로운 행동이다.

5. 바람의 길이 어떠함과 아이 밴 자의 태에서 뼈가 어떻게 자라는지를 네가 알지 못함 같이 만사를 성취하시는 하나님의 일을 네가 알지 못하느니라

5절 "바람의 길이 어떠함과" 예수님도 성령의 신비한 움직임을 말할 때 바람의 길의 신비를 원용한다. 바람이 다니는 길을 우리는 잘 모른다. "바람이 임의로 불매 네가 그 소리를 들어도 어디서 오며 어디로 가는지 알지 못하나니 성령으로 난 사람은 다 이러하니라(요 3:8).

"만사를 성취하시는 하나님의 일을 네가 알지 못하느니라" 하나님이 하시는 일을 인간이 알지 못한다고 하는 것은 전도서의 큰 주제중 하나다. 세상사 모든 것이 다 헛되어도 우리가 하나님이 하시는 것을 잘 모르니까 하나님 경외하면서 하나님께서 일을 성취하실 것을 믿으며 주어진 여건 아래서 즐겁게 사는 것이다. 코헬렛은 그의 독자들에게 벌써 여러 번 같은 주제로 권면을 반복하였다.

본 구절은 이 세상에서 하나님이 행하시는 일들을 사람이 다 알 수 없는바 모든 일 특히 남에게 선을 베풀고 덕을 쌓는 일에 있어서 주저하거나 미루지 말라는 권면의 뜻을 암시한다.

6. 너는 아침에 씨를 뿌리고 저녁에도 손을 놓지 말라 이것이 잘 될는지, 저것이 잘 될는지, 혹 둘이 다 잘 될는지 알지 못함이니라

6절 "너는 아침에 씨를 뿌리고 저녁에도 손을 놓지 말라" 1절처럼 상징적 표현이다. 저녁에도 손을 거두지 말라는 것은 저녁에도 부지런히 씨를 뿌리라는 것이다.

"이것이 잘 될는지, 저것이 잘 될는지, 혹 둘이 다 잘 될는지 알지 못함이니라" 아침에 뿌린 것이 잘될지 저녁에 뿌린 것이 잘될지, 아니면 둘 다 잘 될지 우리는 모르기 때문이다.

아침에 씨 뿌린 것이 잘 되리 저녁에 뿌린 것이 잘 될지는 '만사를 성취하시는 하나님'의 주권에 달려 있으므로 사람으로서는 최선을 다해 부지런히 일할 것을 강구하는 암시이다.

7. 빛은 실로 아름다운 것이라 눈으로 해를 보는 것이 즐거운 일이로다

7절 "빛은 실로 아름다운 것이라 눈으로 해를 보는 것이 즐거운 일이로다" 삶에 대한 낙관적인 표현이다. 살아 있는 모든 것에 참여한 것이 희망이라고 찬양한 9:4의 낙관적인 삶의 태도와 유사하다.

이 세상에서 부지런히 일하며 이웃에게 베푸는 삶을 살 때 자족하는 가운데서 낙을 즐길 수 있다는 뜻을 함축하고 있다.

8. 사람이 여러 해를 살면 항상 즐거워할지로다 그러나 캄캄한 날들이 많으리니 그 날들을 생각할지로다 다가올 일은 다 헛되도다

8절 "사람이 여러 해를 살면 항상 즐거워할지로다" 코헬렛이 줄곧 강조하는 것이다. 오래 사는 것이 문제가 아니라 오래 살면서 '즐겁게' 살아야 한다.

"캄캄한 날이" 캄캄한 날은 죽은 이후의 "스올" 곧 음부에 놓인 상태다.

"캄캄한 날들이 많으리니 그 날들을 생각할지로다" 무덤에서 보낼 캄캄한 날들이 많을 것이다. 이것을 기억하고, 살아 있는 한 즐겁게 살아야 한다.

"다가올 일은 다 헛되도다" '스올'에서 보내는 날들은 다 헛되다.

최선을 다하는 삶을 통해 복된 낙을 누리되 역경과 죽음의 날들 또한 있다는 것을 생각하고 항상 하나님을 경외하는 인생의 본분을 잊지 말라는 뜻을 암시한다 하겠다.

7. 여호와를 경외함이 참 지혜자의 실천 결단이다(11:9~12:14)

〈전도서 11장〉

9. 청년이여 네 어린 때를 즐거워하며 네 청년의 날들을 마음에 기뻐하여 마음에 원하는 길들과 네 눈이 보는 대로 행하라 그러나 하나님이 이 모든 일로 말미암아 너를 심판하실 줄 알라

9절 "청년이여 네 어린 때를 즐거워하며" 인생은 짧고 또 없는 것이다. 마찬가지인데, 나를 기다리고 있는 장래도 어둠뿐이다. 그렇지만 코헬렛은 인생의 젊은 시절에 의미를 부여한다. 젊은 날에 즐겁게 살라고 한다.

"네 청년의 날들을 마음에 기뻐하여" 젊은 날을 기뻐하라고 한다.

"마음에 원하는 길들과 네 눈이 보는 대로 행하라" 마음이 시키는 것을 따라서 하라고 한다. 견물생심이다. 눈이 요구하는 대로 살아보라고 한다.

"그러나 하나님이 이 모든 일로 말미암아 너를 심판하실 줄 알라" 네가 한 일에는 네가 책임져야 한다. 하나님이 물으실 때 낱낱이 진술해야 한다는 것만은 알아라.

이는 8절 전반부의 말씀과 같이 젊었을 때부터 하나님이 허락하신 터전 위에서 행복을 추구하며 살라는 권면이다. 마음에 기뻐하는 대로 낙을 누리는 삶을 살 것을 언급한 말이다(2:10). 물론 이는 타락한 육식적인 생각대로 그 마음을 쫓아 쾌락을 즐기라는 뜻이 아니라 본서 여러 곳에서 암시되어진 대로하나님의 은혜 안에서 허락된 대

로 인생에 대한 긍정적인 생각을 갖고 즐기라는 절제된 표현이다. 인간은 근본 아담 안에서 정죄되어 타락한 존재이기 때문에, 그 마음은 만물보다 심히 부패되어 있으며 인간이 육신적인 욕심과 생각을 따라 살 때에는 커다란 죄악에 빠지기 마련이다.

10. 그런즉 근심이 네 마음에서 떠나게 하며 악이 네 몸에서 물러가게 하라 어릴 때와 검은 머리의 시절이 다 헛되니라

10절 "그런즉 근심이 네 마음에서 떠나게 하며" 근심, 걱정, 슬픔, 분노 등을 떨쳐버리라는 것이다.

결국 인생의 낙을 누리는 데에 방해되는 슬픔의 요소를 마음에서 제하라는 의미로 보여진다.

"악이 네 몸에서 물러가게 하라" 몸도 깨끗하게 지키고 고통이나 고난을 당하지 않도록 하라는 것이다.

특히 지나친 방종과 향락에 빠져 몸을 약하게 하는 것을 뜻하는 것 같다. 이는 8, 9절에 암시되어진 바와 같이 인생의 낙을 누리되 지나친 방종과 타락에 처해지지 않도록 자제를 권고하는 내용이다.

"어릴 때와 검은 머리의 시절이 다 헛되니라" 어린 시절, 젊은 시절 자체가 헛되다고 하는 것은 그 좋은 시절이 빨리 쏜살같이 지나가는 시기이기 때문이다.

이는 꿈과 소망이 부푸는 인생의 황금기가 결코 오래 지속되지 않고 쉽게 사라져 지나간다는 뜻이다. 그리고 이와 같은 의미는 이후 12:1-8에서 유사하게 이어진다.

〈전도서 12장〉

1. 너는 청년의 때에 너의 창조주를 기억하라 곧 곤고한 날이 이르기 전에, 나는 아무 낙이 없다고 할 해들이 가깝기 전에

1절 "청년의 때" 코헬렛은 젊은이들에게 젊은 날을 즐기라고 한다. 젊은 마음이 원하는 대로 한껏 즐기며 살라고 한다. 이제 "곧 곤고한 날" 늙은 날이 올 터인데, "나는 아무 낙이 없다고 할 해들이 가깝기 전에" 젊은이들이 해야 할 일이 있다. 젊은 날, 그렇게 즐겁고 기쁘게 흥겹게 살아도 잊어서는 안 될 것이 있다. 자기를 지어 내신 "너의 창조주를 기억하라"는 것이다. 너의 창조자가 한 일을 '기억한다'는 것은 곧 그를 '찬양하고', '숭배한다'는 것을 포함한다.

"너의 창조자"로 번역된 히브리어 '보레이카'는 문법적 복수 "너의 창조자들"이다. 흔히들 이것을 '엘로힘'처럼 존엄의 복수로 생각한다. BH는 히브리어 '보레이카'는 문법적 복수 "너의 창조자들"이다. 흔히들 이것을 '엘로힘'처럼 존엄의 복수로 생각한다. BH는 히브리어 '보레이카'를 '보르카', 혹은 '베에르카'로 고쳐 보기도 한다. "네 샘으로 복되게 하라 네가 젊어서 취한 아내를 즐거워하라"(잠 5:18)고 하는 본문이 샘과 아내를 같은 것으로 비유하기 때문에 "우물"은 곧 '아내'를 비유한 것이 된다. 더욱이 코헬렛이 "네 헛된 평생의 모든 날 곧 하나님이 해 아래서 네게 주신 모든 헛된 날에 사랑하는 아내와 함께 즐겁게 살지어다"라고 한 권면과 관련시켜보거나 12장 첫 여섯 개 절에서 노년기의 무기력과 낙 없음과 허무함을 안타까워한 것 등을 볼 때 이런 해석도 전혀 배제될 수는 없을 것이다. 하지만 아직까지 이러한 해석을 번역에 반영시킨 예는 찾아보기 어렵다. 다만 유대교 번역인 TNK는 "네 창조주를 기억하라"는 것 대신에 "네 정력을 고마워하라"고 번역한 것이 있다.

즉 인생 중 힘과 소망에 가장 부푼 황금기에 낙을 즐기면서 살아가는 것도 좋지만 또한 그때에 하나님을 기억하고 그분을 경외하는 삶의 자세를 잃지 말아야 함을 다시 한 번 강조하는 것이다.

전도자가 여기서 창조자를 기억하라고 한 것은 인간이 그 젊음의 즐거움으르 남용하여 절제치 못하고 환락과 행락에 빠질 경우 인간 존재의 근원이 되시는 하나님의 심판이 불가피하다는 사실을 상기시키기 위함이다.

2. 해와 빛과 달과 별들이 어둡기 전에, 비 뒤에 구름이 다시 일어나기 전에 그리라

2절 "해와 빛과 달과 별들이 어둡기 전에" 유대교의 한 전통에서는 사람의 총명이 감퇴하는 단계로 본다. 해는 어린 시절, 빛은 소년기, 달은 청년기, 별들은 성숙한 단계라고 본다.

이는 단순한 문자적인 의미보다는 하나의 비유적 표현으로서 다음 두 가지 의미로 이해함이 무난하다.

① 인생의 황혼기에 접어들 때 나타나는 시각 장애 현상 즉 모든 종류의 빛들이 희미하게 보이는 것을 나타낸 말이다.
② 인생의 황혼기에 접어들수록 나타나는 삶의 기쁨의 쇠퇴 현상을 암시한다.

"비 뒤에 구름이 다시 일어나기 전에" 구름은 빛을 차단한다. 총명을 차단한다.

삶의 기쁨을 방해하며 앗아가는 악조건들이 계속 연이어 일어나기 전에, 더욱 더 늙어 초라해지고 쇠약해지기 전에 창조주 하나님을 기억하라는 권면이다.

3. 그런 날에는 집을 지키는 자들이 떨 것이며 힘 있는 자들이 구부러질 것이며 맷돌질 하는 자들이 적으므로 그칠 것이며 창들로 내다 보는 자가 어두워질 것이며

3절 "그런 날에는 집을 지키는 자들이 떨 것이며" "집을 지키는 자"로 번역된 히브리어 '쇼므레이 하바이트'는 '집을 지키는 자들', 혹은 '궁을 지키는 수문장들'이다. 주석가들마다 '갈비뼈'나 '허리', '두 다리', '두 팔', '두 손' 등 여러 가지를 가상해 본다. 신체의 이러한 지체들이 떨린다는 것이다.

이는 인간의 몸을 하나의 집으로 비유하여 나이가 듦에 따라 몸이 쇠퇴하는 현상을 묘사한 것으로 이해해도 무방하겠다. 즉 이는 사람이 늙음으로 기력이 쇠하여 손과 팔이 힘이 없어 떠는 현상을 나타낸다.

"힘 있는 자들이 구부러질 것이며" "힘 있는 자들"로 번역된 히브리어 '안 셰이 헤하일'은 '용감한 남자들', '남자 군인들'이다. 신체의 어느 부분일까? 팔, 다리, 척추 등 여러 해석들이 제시되고 있다.

사람이 늙음으로 다리의 기력이 쇠하여 힘으로 지탱할 수 없는 상태를 뜻한다.

"맷돌질 하는 자들이 적으므로 그칠 것이며" "맷돌질 하는 자"로 번역

된 히브리어 '하톡하노트'는 '맷돌질 하는 여자들'이다. 치아를 뜻하는 것으로 보기기도 한다.

맷돌은 구약의 이른 시기부터 곡식을 갈거나 가루로 만드는 데 쓰인 도구인 바, 본 구절은 사람이 늙음에 따라 음식을 씹고 잘게 부수는 치아 들이 빠짐으로 그 기능을 제대로 발휘하지 못한다는 뜻이다.

"창들로 내다 보는 자가 어두워질 것이며" "창들로 내다 보는 자" 로 번역된 히브리어 '하로오트 바아루보트'는 '창들로 내어다 보는 여자들' 곧 시력이 약해지는 '두 눈'을 일컫는다. 히브리어에서 눈은 문법적으로 여성이다.

이는 눈의 시력이 쇠하여 사물을 잘 분별하지 못함을 비유하다.

4. 길거리 문들이 닫혀질 것이며 맷돌 소리가 적어질 것이며 새의 소리로 말미암아 일어날 것이며 음악하는 여자들은 다 쇠하여질 것이며

4절 "길거리 문들이 닫혀질 것이며" 길거리 쪽으로 난 '문들' 역시 은유법이다. '피부', '발', '입술' 등 여러 의견들이 제시되고 있다. 달리 '노인들의 문 밖 출입 제한', '귀', '항문과 방광'의 은유라고 보는 견해도 있다. 이러한 신체 기관의 기능이 저하되는 것을 말한다는 것이다.

즉 사람이 늙음에 따라 청각기능이 장애를 일으켜 외부소리를 잘 분간 못함을 암시하는 것으로 보인다.

"맷돌 소리가 적어질 것이며" '맷돌' 소리가 적어질 것이라는 것 역시 여러 가지 해석이 가능하다. '이가 빠져 씹지 못한다', '목소리가 쇠약해진다', '입맛이 없어진다', '소화가 잘 안 된다'등의 여러 은유 추측이 가능하다.

즉 사람이 연로함에 따라 치아가 빠져 음식을 씹는 소리가 아주 미약하게 들리는 것을 나타낸다.

"새의 소리로 말미암아 일어날 것이며" 노인이 되어서 잠이 없고, 그래서 새처럼 일찍 일어난다는 은유로 볼 수도 있다.

이에 대해서 혹자는 노인들에게 어린아이들이 높은 소리로 칭얼대는 것과 연관시키나 다른 사람은 노인이 아침 일찍 새가 재잘거리기 시작할 때 일어난다는 뜻으로, 연로함에 따라 신경이 극도로 민감하여 잠을 자지 못하고 일찍 일어나게 됨을 뜻한다고 본다.

"음악하는 여자들은 다 쇠하여질 것이며" "음악하는 여자들"은 히브리어 '브노트 하쉬르'는 '노래하는 딸들'이다. 발성이나 청각 기관의 은유일 수 있다. 목소리가 다 쉬었거나 귀가 잘 들리지 않는 상태를 말하는 것일 수도 있다.

"다 쇠하여질 것이며" '쇠하여지다'로 번역된 히브리어 shh 동사의 니팔형 '이샤후'는 기능이 그치는 것을 말한다. 목소리의 경우라면 성량이 약해지는 것을 말한다.

5. 또한 그런 자들은 높은 곳을 두려워할 것이며 길에서는 놀랄 것이며 살구나무가 꽃이 필 것이며 메뚜기도 짐이 될 것이며 정욕이 그치리니 이는 사람이 자기의 영원한 집으로 돌아가고 조문객들이 거리로 왕래하게 됨이니라

5절 "그런 자들은 높은 곳을 두려워할 것이며" 숨이 차서 높은 곳에 오를 수 없는 보행 장애나 고소공포 현상을 말하는 것일 수도 있다.

이는 사람이 늙으면 숨이 차고 가빠옴으로 높은 곳을 오르거나 통과하기가 힘들다는 뜻으로 본다.

"길에서는 놀랄 것이며" 길에 널려 있는 위험물이나 강도를 피할 능력이 없어지는 것을 말하는 것이다.

사람이 늙으면 다리에 힘이 없고 숨이 가빠서 단순한 평지의 길도 여행하기가 힘들고 어렵다는 뜻이다.

"살구나무가 꽃이 필 것이며" 백발 현상에 대한 은유일 수 있다. "살구나무"로 번역된 히브리어 '샤케드'는 아몬드 곧 편도를 일컫는다.

'살구나무'는 흔히 아몬드 열매를 맺는 유실수로 알려졌으며 고대 근동 지방에서는 일찍부터 볼 수 있었던 것이다. 이 나무가 꽃을 피운다는 것은 노인이 연로함에 따라 백발의 형태로 됨을 암시한다.

"메뚜기도 짐이 될 것이며" '메뚜기'로 번역된 히브리어 '하가브'는 난해한 낱말이다. 탈무드는 이것을 '둔부'의 은유로 보아, 메뚜기들의 짝짓기 모습에 대한 시적 표현으로 이해하기도 한다. '부부생활도 부담이 된다'는 뜻으로 읽으려는 견해도 있다.

메뚜기가 적은 것에 대한 상징으로 이해될 수 있는 바 사람이 늙음에 따라 힘이 쇠약함으로 아무리 적고 미약한 것이라 할지라도 그에게 짐이 된다는 뜻이다.

"정욕이 그치리니" 히브리어 '베타페르 하아비요나'는 '(양기를 돕는 정력제인) 풍조목도 효력이 없고'이다. 풍조목은 성욕을 촉진하는 일종의 최음제 구실을 하는 식물로 알려져 있다.

'원욕'은 원어상 '욕망'을 뜻하며 여기서는 특히 성욕을 가리킨다.

"이는 사람이 자기의 영원한 집으로 돌아가고" "영원한 집"은 '무덤'으로 가는 것을 말한다. 무덤을 영원한 집이라고 보는 코헬렛의 진술은 성서학도들의 더 많은 탐구를 기다리는 주제다.

'영원한 집'이란 사람아 죽을 경우 가는 무덤을 뜻하는 것으로서,

본 구절은 사람이 늙을 경우 곧 죽게 되어 땅에 묻힘을 암시한다.

"조문객들이 거리로 왕래하게 됨이니라" '조문자'로 번역된 히브리어 '소프딤'은 '곡하는 이들'이다.

죽은 사람의 장례식에 참석하여 그 죽음을 애도해 주는 자들을 가리키는 것으로 보인다.

6. 은 줄이 풀리고 금 그릇이 깨지고 항아리가 샘 곁에서 깨지고 바퀴가 우물 위에서 깨지고

6절 "은 줄이 풀리고 금 그릇이 깨지고" 죽음에 대한 시적 묘사다. 타르굼은 은줄은 '혀'를, 금그릇은 '머리'를 뜻한다고 해석한다.

"항아리가 샘 곁에서 깨지고" "대저 생명의 원천이 주께 있사오니"(시 36:9)에서 볼 수 있듯이, 비록 시편의 '생명의 원천'에서 '샘'을 뜻하는 다른 히브리어 단어가 사용되기는 하였지만, '샘'과 '삶'은 그 관계가 밀접하다. 샘 곁에서 깨어지는 항아리 은유는 생명이 스러져 가는 현상을 시적으로 묘사하고 있다.

"바퀴가 우물 위에서 깨지고" 여기 바퀴는 우물에서 물을 길어 올리는 도르래바퀴를 가리키는 것으로 볼 수도 있다. 바퀴를 일컫는 히브리어 '길갈'은 의성어 일 수도 있다. 페니키아 말의 'glgl' 역시 '도르래바퀴'를 뜻하고, '두레박 지레'를 뜻하는 라틴어 'girgillus' 역시 이런 셈어에서 유래했다는 추측이 가능하다. 6절 전체는 죽음 직전의 전신마비 상태를 묘사한 것으로 볼 수도 있다.

7. 흙은 여전히 땅으로 돌아가고 영은 그것을 주신 하나님께로 돌아가기 전에 기억하라

7절 "흙은 여전히 땅으로 돌아가고" 이는 3:20과 마찬가지로 흙으로 된 인간의 육체가 죽어 땅에 묻힘으로 다시 흙으로 돌아감을 나타낸다. "영은 그것을 주신 하나님께로 돌아가기" 여기 "신"은 히브리어 '루악 흐'의 번역이다. 죽음은 사람과 함께 있던 그 루악흐가 하나님께로 돌아가는 것이다. 창조 과정에서 창조자가 흙으로 빚은 인간에게 준 것은 신이 아니라 생기였다(창 2:7). 전도서 3:21은 '루악흐'와 '니슈 맛 하임'을 같은 것으로 이해했던 사정을 반영한다. 현대어 번역들도 여기에서 신중을 보이고 있다. 일반적으로는 축자역을 하여 '신 혹은 영이 하나님께로 돌아간다'고 번역한다. '생기는 그것을 주신 하나님께로 돌아간다.'

8. 전도자가 이르되 헛되고 헛되도다 모든 것이 헛되도다

8절 이는 전도자가 그의 말을 귀결짓는 내용으로서 그가 처음 본 서의 서두에(1:2) 시작했던 말을 반복한 것이다. 이와 같은 반복은 그의 말을 종합적으로 강조하기 위함이다. 그러나 본절이 본서 전체의 내용을 귀결짓는 부분인지 아니면 귀결 부분의 시작인지에 대해서는 의견이 서로 나뉜다.

9. 전도자는 지혜자이어서 여전히 백성에게 지식을 가르쳤고 또 깊이 생각하고 연구하여 잠언을 많이 지었으며

9절 "전도자는 지혜자이어서" 편집자는 '코헬렛이 지혜로운 사람'이라고 소개한다. 지혜를 갖추었을 뿐 아니라 지혜문학을 전공한 학자였음을 전제하는 말이다.

"여전히 백성에게 지식을 가르쳤고" 지혜교사로서 많은 사람에게 지식을 줄곧 가르쳐온 교사였음을 밝힌다.

"또 깊이 생각하고 연구하여" 히브리어 표현 '브히젠 브힉케르'는 일종의 관용구다. 문자대로의 뜻은 '그가 저울로 달아보고 탐구했다'는 말이다. 관용구로서의 뜻은 '그가 열심히 연구하였다', '그가 조심스럽게 평가하였다'라는 말이다. 그는 그가 수집한 격언이나 속담이나 경구나 교훈을 검토하고 평가하였다는 말이다.

"잠언을 많이 지었으며" 전해져 오는 잠언을 수집하고, 검토하고, 추려서한 묶음으로 편집을 한 사실을 밝히고 있다. 히브리어 표현 '틱켄 므샬림 하르베'에서 틱켄은 '차례대로 정리하다'라는 뜻인데, 편집 행위를 말하기도 하고, 저작 행위를 가리키기도 한다.

10. 전도자는 힘써 아름다운 말들을 구하였나니 진리의 말씀들을 정직하게 기록하였느니라

10절 "아름다운 말" 이것은 히브리어 '디브레이 헤페츠'의 번역이다. 의미가 모호한 말이다. 번역들마다 여러 가지 가능한 의미를 추측한다. 누구나 다 지혜의 말로 인정할 수 있는 '기쁨을 주는 말', '들어서 유쾌한 말', '기쁜 말', '올바른 말' 등으로 번역한다. NJB만은 독특하게 이 난해한 히브리어를 '수려한 문체로' 라고 이해하고 다음에 나오는 '기록하다'라는 동사를 수식하는 말로 삼는다. 이것은 전도자의 말이 단순히 다른 사람들의 기호에 맞게 아첨하기 위한 것이 아니라 영혼에 복과 기쁨이 되는 것임을 나타낸다.

"기록한 것은 정직하여" '정직하다'로 번역된 히브리어 '요세르'는 어떤 기록의 신빙성이나 진정성을 말하는 것이라기보다는 '평이하게', '분명하게', '정확하게' 라는 뜻을 가진 것으로 받아들여지고 있다.

"진리의 말씀이니라" '진리의 말씀'이라고 번역된 히브리어 '디브레이 에멧'은 달리 '정확한 말'로도 이해된다.

이는 상반절의 '아름다운 말'과 균형을 이루는 말로서 전도자의 말이 영혼에게 기쁨과 복을 주는 부드러운 기쁨의 말일 뿐만 아니라 모든 불의나 악에 대해서는 단호하고 추호도 용납하지 않는 곧은 말씀임을 암시한다.

11. 지혜자들의 말씀들은 찌르는 채찍들 같고 회중의 스승들의 말씀들은 잘 박힌 못 같으니 다 한 목자가 주신 바이니라

11절 "지혜자들의 말씀들은 찌르는 채찍들 같고" 잠언이나 격언이 지닌 촌철살인의 경구의 성격을 지적하는 것이다. "찌르는 채찍"은 목동들이 짐승을 몰 때 사용하는 날카로운 채찍을 말한다.

"회중의 스승들의 말씀" 원문에 의하면 '말씀'이란 말이 없으며 '회중의 스승'의 히브리어 '바알레 에수포트'란 문자적으로는 '모임의 주인' 또는 '모음의 주인'을 뜻하는데 일반적으로 후자를 지지한다. 즉 이것은 모인 자들 가운데서 가르치는 스승이라는 뜻보다는 '잠언 모음집'이라는 뜻이다.

"잘 박힌 못 같으니" '잘 박힌 못'은 단단히 박힌 못이다. 달리 양피지에 또박또박 쓰인 모습을 묘사한 것일 수도 있고, 수집된 격언의 항구적 가치를 말하는 것일 수도 있다.

"다 한 목자가 주신 바이니라" 여기 목자는 지혜 교사 코헬렛을 지칭하는 것이거나, 이스라엘이 하나님을 "목자"로 부른 예를 본다면 하나님을 가리키는 것일 수도 있다(시 23:1, 80:1, 95:7).

12. 내 아들아 또 이것들로부터 경계를 받으라 많은 책들을 짓는 것은 끝이 없고 많이 공부하는 것은 몸을 피곤하게 하느니라

12절 '아들'이란 지혜서에서 흔히 나타나는 말로서 단순히 혈육관계의 자식을 지칭한다기보다는 솔로몬의 지혜를 말씀을 듣는 청중 또는 독자를 가리킨다.

"많이 공부하는 것은 몸을 피곤하게 하느니라" 이미 코헬렛은 공부를 많이 한다고 해서 사람이 더 행복해지는 것이 아니고, 오히려 많이 알면 알수록 삶은 더욱 더 어려워진다는 식자우환의 진리를 깨달았다. 여기에서 그 사실을 한 번 더 강조한다.

13. 일의 결국을 다 들었으니 하나님을 경외하고 그의 명령들을 지킬지어다 이것이 모든 사람의 본분이니라

13절 "일의 결국을 다 들었으니" 히브리어 본문의 축자역이다. 달리 "이제 결론을 들어보자"(KJV). "모든 것 다 들었으니 한마디 더 첨가한다"(NAB)라고 이해할 수도 있다.

"하나님을 경외하고" 하나님 경외는 지혜문학의 핵심이다. 코헬렛이 말하는 종교와 신앙이 이 말 한마디에 다 집약되어 있다. 종교란, 신앙이란, 그 기본적인 태도가 하나님 무서운 줄 아는 것, 하나님 경외하는 것이다.

"그의 명령들을 지킬지어다" '그 명령'은 '그의 명령' 곧 하나님이 내린 명령이다. 종교의 실천 사항이다.

"이것이 모든 사람의 본분이니라" 하나님의 말씀은 곧 하나님 자신 또는 하나님의 뜻의 표현이다. 따라서 그분의 말씀을 지키는 것은 하나님을 순종하고 그분의 뜻에 따르는 것이라 할 수 있다.

14. 하나님은 모든 행위와 모든 은밀한 일을 선악 간에 심판하시리라

14절 사람의 행위에 대한 하나님의 심판은 신구약성서 여러 곳에서 언급되어 있다.

다만 '선악간'에 심판이 있을 것이라고 언급한 것은 신약에서는 고린도후서 5:10이고, 구약에서는 전도서 12:14이다.

이와 같은 말씀을 본서의 제일 끝에 언급한 것은 근본적으로 아담 안에 있는 모든 인생이 정죄된 죄인이며, 하나님을 떠난 인간의 모든 일, 이 세상에서의 모든 것이 헛된 것인 바 인간이 하나님을 떠나 매사를 스스로 도모하지 말고 하나님을 경외하며 그분의 명령을 지키면서 의롭게 살 것을 촉구하기 위함이다.

부 록

솔로몬의 전도서

1 장

1. 다윗의 아들 예루살렘 왕 전도자의 말씀이라
2. 전도자가 이르되 헛되고 헛되며 헛되고 헛되니 모든 것이 헛되도다
3. 해 아래에서 수고하는 모든 수고가 사람에게 무엇이 유익한가
4. 한 세대는 가고 한 세대는 오되 땅은 영원히 있도다
5. 해는 뜨고 해는 지되 그 떴던 곳으로 빨리 돌아가고
6. 바람은 남으로 불다가 북으로 돌아가며 이리 돌며 저리 돌아 바람은 그 불던 곳으로 돌아가고
7. 모든 강물은 다 바다로 흐르되 바다를 채우지 못하며 강물은 어느 곳으로 흐르든지 그리로 연하여 흐르느니라
8. 모든 만물이 피곤하다는 것을 사람이 말로 다 말할 수는 없나니 눈은 보아도 족함이 없고 귀는 들어도 가득 차지 아니하도다
9. 이미 있던 것이 후에 다시 있겠고 이미 한 일을 후에 다시 할지라 해 아래에는 새 것이 없나니
10. 무엇을 가리켜 이르기를 보라 이것이 새 것이라 할 것이 있으랴 우리가 있기 오래 전 세대들에도 이미 있었느니라
11. 이전 세대들이 기억됨이 없으니 장래 세대도 그 후 세대들과 함께 기억됨이 없으리라

12. 나 전도자는 예루살렘에서 이스라엘 왕이 되어

13. 마음을 다하며 지혜를 써서 하늘 아래에서 행하는 모든 일을 연구하며 살핀즉 이는 괴로운 것이니 하나님이 인생들에게 주사 수고하게 하신 것이라

14. 내가 해 아래에서 행하는 모든 일을 보았노라 보라 모두 다 헛되어 바람을 잡으려는 것이로다

15. 구부러진 것도 곧게 할 수 없고 모자란 것도 셀 수 없도다

16. 내가 내 마음 속으로 말하여 이르기를 보라 내가 크게 되고 지혜를 더 많이 얻었으므로 나보다 먼저 예루살렘에 있던 모든 사람들보다 낫다 하였나니 내 마음이 지혜와 지식을 많이 만나 보았음이로다

17. 내가 다시 지혜를 알고자 하며 미친 것들과 미련한 것들을 알고자 하여 마음을 썼으나 이것도 바람을 잡으려는 것인 줄을 깨달았도다

18. 지혜가 많으면 번뇌도 많으니 지식을 더하는 자는 근심을 더하느니라

2 장

1. 나는 내 마음에 이르기를 자, 내가 시험삼아 너를 즐겁게 하리니 너는 낙을 누리라 하였으나 보라 이것도 헛되도다

2. 내가 웃음에 관하여 말하여 이르기를 그것은 미친 것이라 하였고

희락에 대하여 이르기를 이것이 무슨 소용이 있는가 하였노라

3. 내가 내 마음으로 깊이 생각하기를 내가 어떻게 하여야 내 마음을 지혜로 다스리면서 술로 내 육신을 즐겁게 할까 또 내가 어떻게 하여야 천하의 인생들이 그들의 인생을 살아가는 동안 어떤 것이 선한 일인지를 알아볼 때까지 내 어리석음을 꼭 붙잡아 둘까 하여

4. 나의 사업을 크게 하였노라 내가 나를 위하여 집들을 짓고 포도원을 일구며

5. 여러 동산과 과원을 만들고 그 가운데에 각종 과목을 심었으며

6. 나를 위하여 수목을 기르는 삼림에 물을 주기 위하여 못들을 팠으며

7. 남녀 노비들을 사기도 하였고 나를 위하여 집에서 종들을 낳기도 하였으며 나보다 먼저 예루살렘에 있던 모든 자들보다도 내가 소와 양 떼의 소유를 더 많이 가졌으며

8. 은 금과 왕들이 소유한 보배와 여러 지방의 보배를 나를 위하여 쌓고 또 노래하는 남녀들과 인생들이 기뻐하는 처첩들을 많이 두었노라

9. 내가 이같이 창성하여 나보다 먼저 예루살렘에 있던 모든 자들보다 더 창성하니 내 지혜도 내게 여전하도다

10. 무엇이든지 내 눈이 원하는 것을 내가 금하지 아니하며 무엇이든지 내 마음이 즐거워하는 것을 내가 막지 아니하였으니 이는 나의 모든 수고를 내 마음이 기뻐하였음이라 이것이 나의 모든 수고로 말미암아 얻은 몫이로다

11. 그 후에 내가 생각해 본즉 내 손으로 한 모든 일과 내가 수고한 모든 것이 다 헛되어 바람을 잡는 것이며 해 아래에서 무익한 것이로다

12. 내가 돌이켜 지혜와 망령됨과 어리석음을 보았나니 왕 뒤에 오는 자는 무슨 일을 행할까 이미 행한 지 오래 전의 일일 뿐이리라

13. 내가 보니 지혜가 우매보다 뛰어남이 빛이 어둠보다 뛰어남 같도다

14. 지혜자는 그의 눈이 그의 머리 속에 있고 우매자는 어둠 속에 다니지만 그들 모두가 당하는 일이 모두 같으리라는 것을 나도 깨달아 알았도다

15. 내가 내 마음속으로 이르기를 우매자가 당한 것을 나도 당하리니 내게 지혜가 있었다 한들 내게 무슨 유익이 있으리요 하였도다 이에 내가 내 마음속으로 이르기를 이것도 헛되도다 하였도다

16. 지혜자도 우매자와 함께 영원하도록 기억함을 얻지 못하나니 후일에는 모두 다 잊어버린 지 오랠 것임이라 오호라 지혜자의 죽음이 우매자의 죽음과 일반이로다

17. 이러므로 내가 사는 것을 미워하였노니 이는 해 아래에서 하는 일이 내게 괴로움이요 모두 다 헛되어 바람을 잡으려는 것이기 때문이로다

18. 내가 해 아래에서 내가 한 모든 수고를 미워하였노니 이는 내 뒤를 이을 이에게 남겨 주게 됨이라

19. 그 사람이 지혜자일지, 우매자일지야 누가 알랴마는 내가 해 아래에서 내 지혜를 다하여 수고한 모든 결과를 그가 다 관리하리니 이것도 헛되도다

20. 이러므로 내가 해 아래에서 한 모든 수고에 대하여 내가 내 마음에 실망하였도다

21. 어떤 사람은 그 지혜와 지식과 재주를 다하여 수고하였어도 그

가 얻은 것을 수고하지 아니한 자에게 그의 몫으로 넘겨 주리니 이것도 헛된 것이며 큰 악이로다

22. 사람이 해 아래에서 행하는 모든 수고와 마음에 애쓰는 것이 무슨 소득이 있으랴

23. 일평생에 근심하며 수고하는 것이 슬픔뿐이라 그의 마음이 밤에도 쉬지 못하나니 이것도 헛되도다

24. 사람이 먹고 마시며 수고하는 것보다 그의 마음을 더 기쁘게 하는 것은 없나니 내가 이것도 본즉 하나님의 손에서 나오는 것이로다

25. 아, 먹고 즐기는 일을 누가 나보다 더 해 보았으랴

26. 하나님은 그가 기뻐하시는 자에게는 지혜와 지식과 희락을 주시나 죄인에게는 노고를 주시고 그가 모아 쌓게 하사 하나님을 기뻐하는 자에게 그가 주게 하시지만 이것도 헛되어 바람을 잡는 것이로다

3 장

1. 범사에 기한이 있고 천하 만사가 다 때가 있나니

2. 날 때가 있고 죽을 때가 있으며 심을 때가 있고 심은 것을 뽑을 때가 있으며

3. 죽일 때가 있고 치료할 때가 있으며 헐 때가 있고 세울 때가 있으며

4. 울 때가 있고 웃을 때가 있으며 슬퍼할 때가 있고 춤출 때가 있으며

5. 돌을 던져 버릴 때가 있고 돌을 거둘 때가 있으며 안을 때가 있고 안는 일을 멀리 할 때가 있으며

6. 찾을 때가 있고 잃을 때가 있으며 지킬 때가 있고 버릴 때가 있으며

7. 찢을 때가 있고 꿰맬 때가 있으며 잠잠할 때가 있고 말할 때가 있으며

8. 사랑할 때가 있고 미워할 때가 있으며 전쟁할 때가 있고 평화할 때가 있느니라

9. 일하는 자가 그의 수고로 말미암아 무슨 이익이 있으랴

10. 하나님이 인생들에게 노고를 주사 애쓰게 하신 것을 내가 보았노라

11. 하나님이 모든 것을 지으시되 때를 따라 아름답게 하셨고 또 사람들에게는 영원을 사모하는 마음을 주셨느니라 그러나 하나님이 하시는 일의 시종을 사람으로 측량할 수 없게 하셨도다

12. 사람들이 사는 동안에 기뻐하며 선을 행하는 것보다 더 나은 것이 없는 줄을 내가 알았고

13. 사람마다 먹고 마시는 것과 수고함으로 낙을 누리는 그것이 하나님의 선물인 줄도 또한 알았도다

14. 하나님께서 행하시는 모든 것은 영원히 있을 것이라 그 위에 더 할 수도 없고 그것에서 덜 할 수도 없나니 하나님이 이같이 행하심은 사람들이 그의 앞에서 경외하게 하려 하심인 줄을 내가 알았도다

15. 이제 있는 것이 옛적에 있었고 장래에 있을 것도 옛적에 있었나니 하나님은 이미 지난 것을 다시 찾으시느니라

16. 또 내가 해 아래에서 보건대 재판하는 곳 거기에도 악이 있고 정

의를 행하는 곳 거기에도 악이 있도다

17. 내가 내 마음속으로 이르기를 의인과 악인을 하나님이 심판하시리니 이는 모든 소망하는 일과 모든 행사에 때가 있음이라 하였으며

18. 내가 내 마음속으로 이르기를 인생들의 일에 대하여 하나님이 그들을 시험하시리니 그들이 자기가 짐승과 다름이 없는 줄을 깨닫게 하려 하심이라 하였노라

19. 인생이 당하는 일을 짐승도 당하나니 그들이 당하는 일이 일반이라 다 동일한 호흡이 있어서 짐승이 죽음 같이 사람도 죽으니 사람이 짐승보다 뛰어남이 없음은 모든 것이 헛됨이로다

20. 다 흙으로 말미암았으므로 다 흙으로 돌아가나니 다 한 곳으로 가거니와

21. 인생들의 혼은 위로 올라가고 짐승의 혼은 아래 곧 땅으로 내려가는 줄을 누가 알랴

22. 그러므로 나는 사람이 자기 일에 즐거워하는 것보다 더 나은 것이 없음을 보았나니 이는 그것이 그의 몫이기 때문이라 아, 그의 뒤에 일어날 일이 무엇인지를 보게 하려고 그를 도로 데리고 올 자가 누구이랴

4장

1. 내가 다시 해 아래에서 행하는 모든 학대를 살펴 보았도다 보라 학대 받는 자들의 눈물이로다 그들에게 위로자가 없도다 그들을

학대하는 자들의 손에는 권세가 있으나 그들에게는 위로자가 없도다

2. 그러므로 나는 아직 살아 있는 산 자들보다 죽은 지 오랜 죽은 자들을 더 복되다 하였으며

3. 이 둘보다도 아직 출생하지 아니하여 해 아래에서 행하는 악한 일을 보지 못한 자가 더 복되다 하였노라

4. 내가 또 본즉 사람이 모든 수고와 모든 재주로 말미암아 이웃에게 시기를 받으니 이것도 헛되어 바람을 잡는 것이로다

5. 우매자는 팔짱을 끼고 있으면서 자기의 몸만 축내는도다

6. 두 손에 가득하고 수고하며 바람을 잡는 것보다 한 손에만 가득하고 평온함이 더 나으니라

7. 내가 또 다시 해 아래에서 헛된 것을 보았도다

8. 어떤 사람은 아들도 없고 형제도 없이 홀로 있으나 그의 모든 수고에는 끝이 없도다 또 비록 그의 눈은 부요를 족하게 여기지 아니하면서 이르기를 내가 누구를 위하여는 이같이 수고하고 나를 위하여는 행복을 누리지 못하게 하는가 하여도 이것도 헛되어 불행한 노고로다

9. 두 사람이 한 사람보다 나음은 그들이 수고함으로 좋은 상을 얻을 것임이라

10. 혹시 그들이 넘어지면 하나가 그 동무를 붙들어 일으키려니와 홀로 있어 넘어지고 붙들어 일으킬 자가 없는 자에게는 화가 있으리라

11. 또 두 사람이 함께 누우면 따뜻하거니와 한 사람이면 어찌 따뜻하랴

12. 한 사람이면 패하겠거니와 두 사람이면 맞설 수 있나니 세 겹 줄
   은 쉽게 끊어지지 아니하느니라
13. 가난하여도 지혜로운 젊은이가 늙고 둔하여 경고를 더 받을 줄
   모르는 왕보다 나으니
14. 그는 자기의 나라에서 가난하게 태어났을지라도 감옥에서 나와
   왕이 되었음이니라
15. 내가 본즉 해 아래에서 다니는 인생들이 왕의 다음 자리에 있다
   가 왕을 대신하여 일어난 젊은이와 함께 있고
16. 그의 치리를 받는 모든 백성들이 무수하였을지라도 후에 오는
   자들은 그를 기뻐하지 아니하리니 이것도 헛되어 바람을 잡는
   것이로다

5장

1. 너는 하나님의 집에 들어갈 때에 네 발을 삼갈지어다 가까이 하여
   말씀을 듣는 것이 우매한 자들이 제물 드리는 것보다 나으니 그들
   은 악을 행하면서도 깨닫지 못함이니라
2. 너는 하나님 앞에서 함부로 입을 열지 말며 급한 마음으로 말을
   내지 말라 하나님은 하늘에 계시고 너는 땅에 있음이니라 그런즉
   마땅히 말을 적게 할 것이라
3. 걱정이 많으면 꿈이 생기고 말이 많으면 우매한 자의 소리가 나타나
   느니라

4. 네가 하나님께 서원하였거든 갚기를 더디게 하지 말라 하나님은 우매한 자들을 기뻐하지 아니하시나니 서원한 것을 갚으라
5. 서원하고 갚지 아니하는 것보다 서원하지 아니하는 것이 더 나으니
6. 네 입으로 네 육체가 범죄하게 하지 말라 천사 앞에서 내가 서원한 것이 실수라고 말하지 말라 어찌 하나님께서 네 목소리로 말미암아 진노하사 네 손으로 한 것을 멸하시게 하랴
7. 꿈이 많으면 헛된 일들이 많아지고 말이 많아도 그러하니 오직 너는 하나님을 경외할지니라
8. 너는 어느 지방에서든지 빈민을 학대하는 것과 정의와 공의를 짓밟는 것을 볼지라도 그것을 이상히 여기지 말라 높은 자는 더 높은 자가 감찰하고 또 그들보다 더 높은 자들도 있음이니라
9. 땅의 소산물은 모든 사람을 위하여 있나니 왕도 밭의 소산을 받느니라
10. 은을 사랑하는 자는 은으로 만족하지 못하고 풍요를 사랑하는 자는 소득으로 만족하지 아니하나니 이것도 헛되도다
11. 재산이 많아지면 먹는 자들도 많아지나니 그 소유주들은 눈으로 보는 것 외에 무엇이 유익하랴
12. 노동자는 먹는 것이 많든지 적든지 잠을 달게 자거니와 부자는 그 부요함 때문에 자지 못하느니라
13. 내가 해 아래에서 큰 폐단 되는 일이 있는 것을 보았나니 곧 소유주가 재물을 자기에게 해가 되도록 소유하는 것이라
14. 그 재물이 재난을 당할 때 없어지나니 비록 아들은 낳았으나 그 손에 아무것도 없느니라
15. 그가 모태에서 벌거벗고 나왔은즉 그가 나온 대로 돌아가고 수

고하여 얻은 것을 아무것도 자기 손에 가지고 가지 못하리니

16. 이것도 큰 불행이라 어떻게 왔든지 그대로 가리니 바람을 잡는 수고가 그에게 무엇이 유익하랴

17. 일평생을 어두운 데에서 먹으며 많은 근심과 질병과 분노가 그에게 있느니라

18. 사람이 하나님께서 그에게 주신 바 그 일평생에 먹고 마시며 해 아래에서 하는 모든 수고 중에서 낙을 보는 것이 선하고 아름다움을 내가 보았나니 그것이 그의 몫이로다

19. 또한 어떤 사람에게든지 하나님이 재물과 부요를 그에게 주사 능히 누리게 하시며 제 몫을 받아 수고함으로 즐거워하게 하신 것은 하나님의 선물이라

20. 그는 자기의 생명의 날을 깊이 생각하지 아니하리니 이는 하나님이 그의 마음에 기뻐하는 것으로 응답하심이니라

6 장

1. 내가 해 아래에서 한 가지 불행한 일이 있는 것을 보았나니 이는 사람의 마음을 무겁게 하는 것이라

2. 어떤 사람은 그의 영혼이 바라는 모든 소원에 부족함이 없어 재물과 부요와 존귀를 하나님께 받았으나 하나님께서 그가 그것을 누리도록 허락하지 아니하셨으므로 다른 사람이 누리나니 이것도 헛되어 악한 병이로다

3. 사람이 비록 백 명의 자녀를 낳고 또 장수하여 사는 날이 많을지라도 그의 영혼은 그러한 행복으로 만족하지 못하고 또 그가 안장되지 못하면 나는 이르기를 낙태된 자가 그보다는 낫다 하나니

4. 낙태된 자는 헛되이 왔다가 어두운 중에 가매 그의 이름이 어둠에 덮이니

5. 햇빛도 보지 못하고 또 그것을 알지도 못하나 이가 그보다 더 평안함이라

6. 그가 비록 천 년의 갑절을 산다 할지라도 행복을 보지 못하면 마침내 다 한 곳으로 돌아가는 것뿐이 아니냐

7. 사람의 수고는 다 자기의 입을 위함이나 그 식욕은 채울 수 없느니라

8. 지혜자가 우매자보다 나은 것이 무엇이냐 살아 있는 자들 앞에서 행할 줄을 아는 가난한 자에게는 무슨 유익이 있는가

9. 눈으로 보는 것이 마음으로 공상하는 것보다 나으나 이것도 헛되어 바람을 잡는 것이로다

10. 이미 있는 것은 무엇이든지 오래 전부터 그의 이름이 이미 불린 바 되었으며 사람이 무엇인지도 이미 안 바 되었나니 자기보다 강한 자와는 능히 다툴 수 없느니라

11. 헛된 것을 더하게 하는 많은 일들이 있나니 그것들이 사람에게 무슨 유익이 있으랴

12. 헛된 생명의 모든 날을 그림자 같이 보내는 일평생에 사람에게 무엇이 낙인지를 누가 알며 그 후에 해 아래에서 무슨 일이 있을 것을 누가 능히 그에게 고하리요

7 장

1. 좋은 이름이 좋은 기름보다 낫고 죽는 날이 출생하는 날보다 나으며

2. 초상집에 가는 것이 잔칫집에 가는 것보다 나으니 모든 사람의 끝이 이와 같이 됨이라 산 자는 이것을 그의 마음에 둘지어다

3. 슬픔이 웃음보다 나음은 얼굴에 근심하는 것이 마음에 유익하기 때문이니라

4. 지혜자의 마음은 초상집에 있으되 우매한 자의 마음은 혼인집에 있느니라

5. 지혜로운 사람의 책망을 듣는 것이 우매한 자들의 노래를 듣는 것보다 나으니라

6. 우매한 자들의 웃음 소리는 솥 밑에서 가시나무가 타는 소리 같으니 이것도 헛되니라

7. 탐욕이 지혜자를 우매하게 하고 뇌물이 사람의 명철을 망하게 하느니라

8. 일의 끝이 시작보다 낫고 참는 마음이 교만한 마음보다 나으니

9. 급한 마음으로 노를 발하지 말라 노는 우매한 자들의 품에 머무름이니라

10. 옛날이 오늘보다 나은 것이 어찜이냐 하지 말라 이렇게 묻는 것은 지혜가 아니니라

11. 지혜는 유산 같이 아름답고 햇빛을 보는 자에게 유익이 되도다

12. 지혜의 그늘 아래에 있음은 돈의 그늘 아래에 있음과 같으나, 지혜에 관한 지식이 더 유익함은 지혜가 그 지혜 있는 자를 살리기 때문이니라

13. 하나님께서 행하시는 일을 보라 하나님께서 굽게 하신 것을 누가 능히 곧게 하겠느냐

14. 형통한 날에는 기뻐하고 곤고한 날에는 되돌아 보아라 이 두 가지를 하나님이 병행하게 하사 사람이 그의 장래 일을 능히 헤아려 알지 못하게 하셨느니라

15. 내 허무한 날을 사는 동안 내가 그 모든 일을 살펴 보았더니 자기의 의로움에도 불구하고 멸망하는 의인이 있고 자기의 악행에도 불구하고 장수하는 악인이 있으니

16. 지나치게 의인이 되지도 말며 지나치게 지혜자도 되지 말라 어찌하여 스스로 패망하게 하겠느냐

17. 지나치게 악인이 되지도 말며 지나치게 우매한 자도 되지 말라 어찌하여 기한 전에 죽으려고 하느냐

18. 너는 이것도 잡으며 저것에서도 네 손을 놓지 아니하는 것이 좋으니 하나님을 경외하는 자는 이 모든 일에서 벗어날 것임이니라

19. 지혜가 지혜자를 성읍 가운데에 있는 열 명의 권력자들보다 더 능력이 있게 하느니라

20. 선을 행하고 전혀 죄를 범하지 아니하는 의인은 세상에 없기 때문이로다

21. 또한 사람들이 하는 모든 말에 네 마음을 두지 말라 그리하면 네 종이 너를 저주하는 것을 듣지 아니하리라

22. 너도 가끔 사람을 저주하였다는 것을 네 마음도 알고 있느니라

23. 내가 이 모든 것을 지혜로 시험하며 스스로 이르기를 내가 지혜자가 되리라 하였으나 지혜가 나를 멀리 하였도다

24. 이미 있는 것은 멀고 또 깊고 깊도다 누가 능히 통달하랴

25. 내가 돌이켜 전심으로 지혜와 명철을 살피고 연구하여 악한 것이 얼마나 어리석은 것이요 어리석은 것이 얼마나 미친 것인 줄을 알고자 하였더니

26. 마음은 올무와 그물 같고 손은 포승 같은 여인은 사망보다 더 쓰다는 사실을 내가 알아내었도다 그러므로 하나님을 기쁘게 하는 자는 그 여인을 피하려니와 죄인은 그 여인에게 붙잡히리로다

27. 전도자가 이르되 보라 내가 낱낱이 살펴 그 이치를 연구하여 이것을 깨달았노라

28. 내 마음이 계속 찾아 보았으나 아직도 찾지 못한 것이 이것이라 천 사람 가운데서 한 사람을 내가 찾았으나 이 모든 사람들 중에서 여자는 한 사람도 찾지 못하였느니라

29. 내가 깨달은 것은 오직 이것이라 곧 하나님은 사람을 정직하게 지으셨으나 사람이 많은 꾀들을 낸 것이니라

8장

1. 누가 지혜자와 같으며 누가 사물의 이치를 아는 자이냐 사람의 지혜는 그의 얼굴에 광채가 나게 하나니 그의 얼굴의 사나운 것이 변하느니라

2. 내가 권하노라 왕의 명령을 지키라 이미 하나님을 가리켜 맹세하였음이니라

3. 왕 앞에서 물러가기를 급하게 하지 말며 악한 것을 일삼지 말라

왕은 자기가 하고자 하는 것을 다 행함이니라

4. 왕의 말은 권능이 있나니 누가 그에게 이르기를 왕께서 무엇을 하시나이까 할 수 있으랴

5. 명령을 지키는 자는 불행을 알지 못하리라 지혜자의 마음은 때와 판단을 분변하나니

6. 무슨 일에든지 때와 판단이 있으므로 사람에게 임하는 화가 심함이니라

7. 사람이 장래 일을 알지 못하나니 장래 일을 가르칠 자가 누구이랴

8. 바람을 주장하여 바람을 움직이게 할 사람도 없고 죽는 날을 주장할 사람도 없으며 전쟁할 때를 모면할 사람도 없으니 악이 그의 주민들을 건져낼 수는 없느니라

9. 내가 이 모든 것들을 보고 해 아래에서 행하는 모든 일을 마음에 두고 살핀즉 사람이 사람을 주장하여 해롭게 하는 때가 있도다

10. 그런 후에 내가 본즉 악인들은 장사지낸 바 되어 거룩한 곳을 떠나 그들이 그렇게 행한 성읍 안에서 잊어버린 바 되었으니 이것도 헛되도다

11. 악한 일에 관한 징벌이 속히 실행되지 아니하므로 인생들이 악을 행하는 데에 마음이 담대하도다

12. 죄인은 백 번이나 악을 행하고도 장수하거니와 또한 내가 아노니 하나님을 경외하여 그를 경외하는 자들은 잘 될 것이요

13. 악인은 잘 되지 못하며 장수하지 못하고 그 날이 그림자와 같으리니 이는 하나님을 경외하지 아니함이니라

14. 세상에서 행해지는 헛된 일이 있나니 곧 악인들의 행위에 따라 벌을 받는 의인들도 있고 의인들의 행위에 따라 상을 받는 악인

들도 있다는 것이라 내가 이르노니 이것도 헛되도다

15. 이에 내가 희락을 찬양하노니 이는 사람이 먹고 마시고 즐거워하는 것보다 더 나은 것이 해 아래에는 없음이라 하나님이 사람을 해 아래에서 살게 하신 날 동안 수고하는 일 중에 그러한 일이 그와 함께 있을 것이니라

16. 내가 마음을 다하여 지혜를 알고자 하며 세상에서 행해지는 일을 보았는데 밤낮으로 자지 못하는 자도 있도다

17. 또 내가 하나님의 모든 행사를 살펴 보니 해 아래에서 행해지는 일을 사람이 능히 알아낼 수 없도다 사람이 아무리 애써 알아보려고 할지라도 능히 알지 못하나니 비록 지혜자가 아노라 할지라도 능히 알아내지 못하리로다

9장

1. 이 모든 것을 내가 마음에 두고 이 모든 것을 살펴 본즉 의인들이나 지혜자들이나 그들의 행위나 모두 다 하나님의 손 안에 있으니 사랑을 받을는지 미움을 받을는지 사람이 알지 못하는 것은 모두 그들의 미래의 일들임이니라

2. 모든 사람에게 임하는 그 모든 것이 일반이라 의인과 악인, 선한 자와 깨끗한 자와 깨끗하지 아니한 자, 제사를 드리는 자와 제사를 드리지 아니하는 자에게 일어나는 일들이 모두 일반이니 선인과 죄인, 맹세하는 자와 맹세하기를 무서워하는 자가 일반이로다

3. 모든 사람의 결국은 일반이라 이것은 해 아래에서 행해지는 모든 일 중의 악한 것이니 곧 인생의 마음에는 악이 가득하여 그들의 평생에 미친 마음을 품고 있다가 후에는 죽은 자들에게로 돌아가는 것이라

4. 모든 산 자들 중에 들어 있는 자에게는 누구나 소망이 있음은 산 개가 죽은 사자보다 낫기 때문이니라

5. 산 자들은 죽을 줄을 알되 죽은 자들은 아무것도 모르며 그들이 다시는 상을 받지 못하는 것은 그들의 이름이 잊어버린 바 됨이니라

6. 그들의 사랑과 미움과 시기도 없어진 지 오래이니 해 아래에서 행하는 모든 일 중에서 그들에게 돌아갈 몫은 영원히 없느니라

7. 너는 가서 기쁨으로 네 음식물을 먹고 즐거운 마음으로 네 포도주를 마실지어다 이는 하나님이 네가 하는 일들을 벌써 기쁘게 받으셨음이니라

8. 네 의복을 항상 희게 하며 네 머리에 향 기름을 그치지 아니하도록 할지니라

9. 네 헛된 평생의 모든 날 곧 하나님이 해 아래에서 네게 주신 모든 헛된 날에 네가 사랑하는 아내와 함께 즐겁게 살지어다 그것이 네가 평생에 해 아래에서 수고하고 얻은 네 몫이니라

10. 네 손이 일을 얻는 대로 힘을 다하여 할지어다 네가 장차 들어갈 스올에는 일도 없고 계획도 없고 지식도 없고 지혜도 없음이니라

11. 내가 다시 해 아래에서 보니 빠른 경주자들이라고 선착하는 것이 아니며 용사들이라고 전쟁에 승리하는 것이 아니며 지혜자들이라고 음식물을 얻는 것도 아니며 명철자들이라고 재물을 얻는 것도 아니며 지식인들이라고 은총을 입는 것이 아니니 이는 시

기와 기회는 그들 모두에게 임함이니라

12. 분명히 사람은 자기의 시기도 알지 못하나니 물고기들이 재난의 그물에 걸리고 새들이 올무에 걸림 같이 인생들도 재앙의 날이 그들에게 홀연히 임하면 거기에 걸리느니라

13. 내가 또 해 아래에서 지혜를 보고 내가 크게 여긴 것이 이러하니

14. 곧 작고 인구가 많지 아니한 어떤 성읍에 큰 왕이 와서 그것을 에워싸고 큰 흉벽을 쌓고 치고자 할 때에

15. 그 성읍 가운데에 가난한 지혜자가 있어서 그의 지혜로 그 성읍을 건진 그것이라 그러나 그 가난한 자를 기억하는 사람이 없었도다

16. 그러므로 내가 이르기를 지혜가 힘보다 나으나 가난한 자의 지혜가 멸시를 받고 그의 말들을 사람들이 듣지 아니한다 하였노라

17. 조용히 들리는 지혜자들의 말들이 우매한 자들을 다스리는 자의 호령보다 나으니라

18. 지혜가 무기보다 나으니라 그러나 죄인 한 사람이 많은 선을 무너지게 하느니라

10 장

1. 죽은 파리들이 향기름을 악취가 나게 만드는 것 같이 적은 우매가 지혜와 존귀를 난처하게 만드느니라

2. 지혜자의 마음은 오른쪽에 있고 우매자의 마음은 왼쪽에 있느니라

3. 우매한 자는 길을 갈 때에도 지혜가 부족하여 각 사람에게 자기가 우매함을 말하느니라

4. 주권자가 네게 분을 일으키거든 너는 네 자리를 떠나지 말라 공손함이 큰 허물을 용서 받게 하느니라

5. 내가 해 아래에서 한 가지 재난을 보았노니 곧 주권자에게서 나오는 허물이라

6. 우매한 자가 크게 높은 지위들을 얻고 부자들이 낮은 지위에 앉는도다

7. 또 내가 보았노니 종들은 말을 타고 고관들은 종들처럼 땅에 걸어 다니는도다

8. 함정을 파는 자는 거기에 빠질 것이요 담을 허는 자는 뱀에게 물리리라

9. 돌들을 떠내는 자는 그로 말미암아 상할 것이요 나무들을 쪼개는 자는 그로 말미암아 위험을 당하리라

10. 철 연장이 무디어졌는데도 날을 갈지 아니하면 힘이 더 드느니라 오직 지혜는 성공하기에 유익하니라

11. 주술을 베풀기 전에 뱀에게 물렸으면 술객은 소용이 없느니라

12. 지혜자의 입의 말들은 은혜로우나 우매자의 입술들은 자기를 삼키나니

13. 그의 입의 말들의 시작은 우매요 그의 입의 결말들은 심히 미친 것이니라

14. 우매한 자는 말을 많이 하거니와 사람은 장래 일을 알지 못하나니 나중에 일어날 일을 누가 그에게 알리요

15. 우매한 자들의 수고는 자신을 피곤하게 할 뿐이라 그들은 성읍

에 들어갈 줄도 알지 못함이니라

16. 왕은 어리고 대신들은 아침부터 잔치하는 나라여 네게 화가 있도다

17. 왕은 귀족들의 아들이요 대신들은 취하지 아니하고 기력을 보하려고 정한 때에 먹는 나라여 네게 복이 있도다

18. 게으른즉 서까래가 내려앉고 손을 놓은즉 집이 새느니라

19. 잔치는 희락을 위하여 베푸는 것이요 포도주는 생명을 기쁘게 하는 것이나 돈은 범사에 이용되느니라

20. 심중에라도 왕을 저주하지 말며 침실에서라도 부자를 저주하지 말라 공중의 새가 그 소리를 전하고 날짐승이 그 일을 전파할 것임이니라

11 장

1. 너는 네 떡을 물 위에 던져라 여러 날 후에 도로 찾으리라

2. 일곱에게나 여덟에게 나눠 줄지어다 무슨 재앙이 땅에 임할지 네가 알지 못함이니라

3. 구름에 비가 가득하면 땅에 쏟아지며 나무가 남으로나 북으로나 쓰러지면 그 쓰러진 곳에 그냥 있으리라

4. 풍세를 살펴보는 자는 파종하지 못할 것이요 구름만 바라보는 자는 거두지 못하리라

5. 바람의 길이 어떠함과 아이 밴 자의 태에서 뼈가 어떻게 자라는지

를 네가 알지 못함 같이 만사를 성취하시는 하나님의 일을 네가 알지 못하느니라

6. 너는 아침에 씨를 뿌리고 저녁에도 손을 놓지 말라 이것이 잘 될는지, 저것이 잘 될는지, 혹 둘이 다 잘 될는지 알지 못함이니라

7. 빛은 실로 아름다운 것이라 눈으로 해를 보는 것이 즐거운 일이로다

8. 사람이 여러 해를 살면 항상 즐거워할지로다 그러나 캄캄한 날들이 많으리니 그 날들을 생각할지로다 다가올 일은 다 헛되도다

9. 청년이여 네 어린 때를 즐거워하며 네 청년의 날들을 마음에 기뻐하여 마음에 원하는 길들과 네 눈이 보는 대로 행하라 그러나 하나님이 이 모든 일로 말미암아 너를 심판하실 줄 알라

10. 그런즉 근심이 네 마음에서 떠나게 하며 악이 네 몸에서 물러가게 하라 어릴 때와 검은 머리의 시절이 다 헛되니라

12 장

1. 너는 청년의 때에 너의 창조주를 기억하라 곧 곤고한 날이 이르기 전에, 나는 아무 낙이 없다고 할 해들이 가깝기 전에

2. 해와 빛과 달과 별들이 어둡기 전에, 비 뒤에 구름이 다시 일어나기 전에 그리하라

3. 그런 날에는 집을 지키는 자들이 떨 것이며 힘 있는 자들이 구부러질 것이며 맷돌질 하는 자들이 적으므로 그칠 것이며 창들로 내다 보는 자가 어두워질 것이며

4. 길거리 문들이 닫혀질 것이며 맷돌 소리가 적어질 것이며 새의 소리로 말미암아 일어날 것이며 음악하는 여자들은 다 쇠하여질 것이며

5. 또한 그런 자들은 높은 곳을 두려워할 것이며 길에서는 놀랄 것이며 살구나무가 꽃이 필 것이며 메뚜기도 짐이 될 것이며 정욕이 그치리니 이는 사람이 자기의 영원한 집으로 돌아가고 조문객들이 거리로 왕래하게 됨이니라

6. 은 줄이 풀리고 금 그릇이 깨지고 항아리가 샘 곁에서 깨지고 바퀴가 우물 위에서 깨지고

7. 흙은 여전히 땅으로 돌아가고 영은 그것을 주신 하나님께로 돌아가기 전에 기억하라

8. 전도자가 이르되 헛되고 헛되도다 모든 것이 헛되도다

9. 전도자는 지혜자이어서 여전히 백성에게 지식을 가르쳤고 또 깊이 생각하고 연구하여 잠언을 많이 지었으며

10. 전도자는 힘써 아름다운 말들을 구하였나니 진리의 말씀들을 정직하게 기록하였느니라

11. 지혜자들의 말씀들은 찌르는 채찍들 같고 회중의 스승들의 말씀들은 잘 박힌 못 같으니 다 한 목자가 주신 바이니라

12. 내 아들아 또 이것들로부터 경계를 받으라 많은 책들을 짓는 것은 끝이 없고 많이 공부하는 것은 몸을 피곤하게 하느니라

13. 일의 결국을 다 들었으니 하나님을 경외하고 그의 명령들을 지킬지어다 이것이 모든 사람의 본분이니라

14. 하나님은 모든 행위와 모든 은밀한 일을 선악 간에 심판하시리라

솔로몬의 잠언

1. 이것은 다윗의 아들인 이스라엘 왕 솔로몬의 금언이다.
2. 이것을 쓴 목적은 지혜와 교훈을 얻게 하고 깊은 뜻을 지닌 말을 깨닫게 하며
3. 모든 일을 지혜롭고 의롭게, 공정하고 정직하게 행하게 하고
4. 어리석은 자에게 슬기를 주며 젊은이들에게 지식과 분별력을 주기 위함이다.
5. 이미 지혜 있는 자라도 들으면 더 많은 것을 배우게 되고 분별력이 있는 자도 좋은 교훈을 얻어
6. 금언과 비유와 지혜 있는 사람들의 말과 이해하기 어려운 말의 참 뜻을 깨닫게 될 것이다.
7. 여호와를 두려워하는 것이 지식의 첫걸음이건만 미련한 자들은 지혜와 교훈을 멸시하고 있다.
8. 내 아들아, 네 아버지의 교훈을 귀담아 듣고 네 어머니의 가르침을 저버리지 말아라.
9. 그들의 교훈은 네 머리의 화관과 네 목의 금사슬과도 같은 것이다.
10. 내 아들아, 악한 자들이 너를 유혹하여도 넘어가지 말아라.
11. 그들이 너에게 "우리와 함께 가자. 우리가 잠복해 있다가 사람을 죽이자. 숨어서 죄 없는 사람을 기다리다가

12. 무덤처럼 그들을 산 채로 삼키며 그들을 통째로 삼켜 지옥에 내려가는 자처럼 되게 하자.

13. 우리가 온갖 보물을 구해 놓고 빼앗은 물건으로 온 집 안을 가득 채워 놓을 테니

14. 네가 우리와 한패가 되어 이 모든 것을 우리와 함께 나누어 가지자" 할지라도

15. 내 아들아, 너는 그런 자들과 함께 다니지 말고 그들을 멀리하라.

16. 그들은 악한 일 하는 것을 조금도 주저하지 않으며 사람을 죽이는 데 능숙한 자들이다.

17. 새가 지켜 보고 있는데 그물을 치는 것은 소용없는 일이다.

18. 그러나 그런 자들은 스스로 덫을 놓고 자기들이 빠져 죽을 함정을 판 자들이다.

19. 부정한 이득을 추구하는 자들의 종말은 다 이렇다. 바로 그 물질이 그것을 소유한 자들의 생명을 빼앗아 가고 만다.

20. 보라! 지혜가 길거리와 광장에서 소리쳐 부르며

21. 복잡한 길목과 성문에서 외쳐 말한다.

22. "어리석은 자들아, 너희는 언제까지 어리석은 것을 좋아하겠느냐? 조롱하는 자들은 언제까지 조롱하는 일을 기뻐하며 미련한 자들은 언제까지 지식을 미워하겠느냐?

23. 너희는 내가 책망할 때 들어라. 내가 지혜의 정신을 너희에게 부어 주고 내 생각을 너희에게 알리겠다.

24. 너희는 내가 불러도 듣지 않았고 오라고 손을 벌려도 거들떠보지 않았다.

25. 너희가 나의 충고를 무시하고 나의 책망을 받아들이지 않았으니

26. 나도 너희가 재앙을 만날 때에 웃을 것이며 두려운 일이 너희에게 닥칠 때에 내가 너희를 비웃을 것이다.
27. 그 때에 두려운 일이 폭풍처럼 너희를 덮치고 재앙이 너희를 회오리바람처럼 휩쓸 것이며 고통과 슬픔이 너희에게 있을 것이다.
28. "그때 너희가 나를 불러도 내가 대답하지 않을 것이며 그때는 너희가 나를 찾아도 만나지 못할 것이다.
29. 이것은 너희가 지식을 멸시하고 여호와를 두려워할 줄 모르며
30. 나의 충고를 받아들이지 않고 내 책망을 업신여겼기 때문이다.
31. 그러므로 너희는 너희 행실의 열매를 먹고 너희 책략의 대가를 받게 될 것이다.
32. 어리석은 자들은 제 고집대로 하다가 죽을 것이며 미련한 자들은 자만하다가 망할 것이지만
33. 내 말을 듣는 자들은 아무 두려움 없이 편안하고 안전하게 살 것이다."

2 장

1. 내 아들아, 네가 내 말을 듣고 내 명령을 소중히 여기며
2. 지혜로운 말에 귀를 기울이고 그것을 이해하려고 노력하여라.
3. 네가 지식을 추구하고 깨달음을 얻고자 애쓰며
4. 그것을 은이나 숨겨진 보물을 찾는 것처럼 찾고 구하면
5. 여호와를 두려워하는 것이 무엇인지 깨닫게 되고 하나님에 대한

지식도 얻게 될 것이다.

6. 이것은 여호와께서 지혜를 주시며 지식과 깨달음도 그에게서 나오기 때문이다.

7. 그가 정직한 자를 위해 완전한 지혜를 예비하시며 흠 없이 사는 자에게 방패가 되시니

8. 모든 일을 공정하게 하는 자를 보호하고 성도들의 길을 지키시기 위해서이다.

9. 네가 내 말을 들으면 무엇이 옳고 정직하며 공정한지 알게 되고 모든 선한 길을 깨닫게 될 것이다.

10. 또 네가 지혜롭게 되고 지식이 너에게 즐거움을 줄 것이며

11. 너의 분별력이 너를 지키고 깨달음이 너를 보호할 것이다.

12. 지혜가 악한 자의 길과 추하고 더러운 말을 하는 자들에게서 너를 구할 것이다.

13. 그들이 바른 길을 버리고 어두운 길로 걸어가며

14. 악을 행하는 일을 기뻐하고 악인들의 못된 짓을 즐거워하니

15. 그들의 길은 굽었고 그들의 행위는 비뚤어지고 잘못되었다.

16. 그럴 듯한 말로 유혹하는 음란한 여자에게서 지혜가 너를 구할 것이다.

17. 그런 여자는 자기 남편을 버리고 하나님 앞에서 한 서약을 잊어버린 인간이다.

18. 그녀의 집이 사망으로, 그녀의 길이 지옥으로 기울어졌으니

19. 누구든지 그런 여자를 찾아가는 자는 다시 돌이킬 수 없고 생명의 길로 돌아오지 못한다.

20. 그러므로 너는 선한 사람들을 본받아 의로운 삶을 살아야 한다.

21. 정직하고 흠 없이 사는 사람들은 이 땅에서 살아 남을 것이지만
22. 악하고 신실치 못한 자들은 이 땅에서 뿌리째 뽑혀 사라질 것이다.

3 장

1. 내 아들아, 나의 가르침을 잊지 말고 내 명령을 정성껏 지켜라.
2. 그러면 네가 장수하고 평안을 누릴 것이다.
3. 너는 사랑과 성실이 너를 떠나지 않게 하며 그것을 네 목에 매고 네 마음에 새겨라.
4. 그러면 네가 하나님과 사람 앞에서 사랑과 신망을 얻을 것이다.
5. 너는 마음을 다하여 여호와를 신뢰하고 네 지식을 의지하지 말아라.
6. 너는 모든 일에 여호와를 인정하라. 그러면 그가 너에게 바른 길을 보이실 것이다.
7. 스스로 지혜롭다고 생각하지 말아라. 너는 여호와를 두려워하고 악을 피하라.
8. 이것이 너에게 좋은 약이 되어 너의 몸과 마음을 건강하게 할 것이다.
9. 네 재산과 네 모든 농산물의 첫열매로 여호와를 공경하라.
10. 그러면 네 창고가 가득 차고 포도주통에 새 포도주가 넘칠 것이다.
11. 내 아들아, 여호와의 징계를 가볍게 여기지 말며 그의 꾸지람을 언짢게 생각하지 말아라.
12. 아버지가 자식이 잘되라고 꾸짖고 나무라는 것처럼 여호와께서

도 자기가 사랑하는 사람을 꾸짖고 나무라신다.

13. 지혜와 깨달음을 가진 자는 행복하다.

14. 그것이 은이나 금보다 더 가치 있고 유익하기 때문이다.

15. 지혜는 보석보다 더 귀한 것이므로 네가 갖고 싶어하는 그 어떤 것도 이것과 비교가 되지 않는다.

16. 그 오른손에는 장수가 있고 그 왼손에는 부귀가 있으니

17. 그 길은 즐거움과 평안의 길이다.

18. 지혜는 그것을 얻은 자에게 생명 나무와도 같은 것이다. 그래서 지혜를 가진 자가 복이 있다.

19. 여호와께서는 지혜로 땅의 기초를 놓으셨으며 예지로 우주 공간을 펼치셨고

20. 지식으로 깊은 물을 나누시고 공중에서 이슬이 내리게 하셨다.

21. 내 아들아, 건전한 지혜와 분별력을 잘 간직하고 그것이 네게서 떠나지 않게 하라.

22. 그러면 그것이 네 영혼의 생명이 되고 4) 네 삶을 아름답게 장식할 것이니

23. 네가 네 길을 안전하게 갈 수 있고 발이 걸려 넘어지는 일도 없을 것이며

24. 잠자리에 들 때 두려워하지 않고 단잠을 잘 수 있을 것이다.

25. 너는 갑자기 밀어닥친 재앙이나 악인들의 멸망이 이를 때 두려워하지 말아라.

26. 여호와는 네가 의지할 분이시니 너를 안전하게 지키실 것이다.

27. 선을 베풀 능력이 있거든 그것을 필요로 하는 자에게 베풀기를 주저하지 말며

28. 너에게 가진 것이 있으면 네 이웃에게 "갔다가 다시 오너라. 내일 주겠다"라고 말하지 말아라.
29. 너를 믿고 사는 네 이웃을 해하려고 계획하지 말며
30. 남이 너를 해하지 않았거든 이유 없이 다투지 말아라.
31. 난폭한 자를 부러워하지 말며 그의 어떤 행동도 본받지 말아라.
32. 여호와께서는 악한 자를 미워하시고 정직한 자와 친근히 하신다.
33. 악인의 집에는 여호와의 저주가 있으나 의로운 자의 집에는 축복이 있다.
34. 여호와는 거만한 자를 비웃으시고 겸손한 사람에게 은혜를 베푸신다.
35. 지혜로운 자는 영광을 얻을 것이나 미련한 자는 수치를 당할 것이다.

4 장

1. 내 아들들아, 너희 아버지가 가르치는 말을 잘 들어라. 유의해서 들으면 깨달음을 얻을 것이다.
2. 내가 너희에게 건전한 것을 가르친다. 너희는 나의 교훈을 저버리지 말아라.
3. 나도 한때는 외아들로서 부모의 사랑을 받던 어린 시절이 있었다.
4. 그때 나의 아버지는 이런 말씀으로 나를 교훈하셨다. "내가 하는 말을 기억하고 잊지 말아라. 내 명령을 지켜라. 그러면 네가 살 것

이다.

5. 지혜와 깨달음을 얻어라. 내 말을 잊어버리거나 무시하지 말아라.

6. 지혜를 버리지 말아라. 지혜가 너를 보호할 것이다. 지혜를 사랑하라. 지혜가 너를 지킬 것이다.

7. 지혜는 가장 소중한 것이다. 지혜를 얻어라. 그 어떤 것을 희생하고서라도 깨달음을 얻어라.

8. 지혜를 찬양하라. 지혜가 너를 높일 것이다. 지혜를 고이 간직하라. 지혜가 너를 영화롭게 할 것이다.

9. 지혜가 우아한 화관을 네 머리에 씌우고 영광스러운 면류관을 너에게 줄 것이다."

10. 내 아들아, 내 말을 듣고 받아들여라. 그러면 네가 장수할 것이다.

11. 내가 너에게 지혜와 옳은 길을 가르쳤으니

12. 네가 걸어갈 때 네 걸음이 방해를 받지 않을 것이며 네가 달려갈 때에도 걸려 넘어지지 않을 것이다.

13. 내 교훈을 잊지 말고 굳게 지켜라. 이것은 너의 생명과도 같은 것이다.

14. 너는 악인들이 가는 곳에 가지 말고 그들의 행동을 본받지 말아라.

15. 너는 악한 길을 피하고 그들의 길로 가지 말며 돌아서라.

16. 악인들은 나쁜 짓을 하지 않으면 직성이 풀리지 않으며 남을 해치지 않으면 잠이 오지 않는다.

17. 그들은 악의 빵을 먹고 폭력의 술을 마신다.

18. 의로운 자의 길은 점점 밝아져서 완전히 빛나는 아침 햇빛 같으며

19. 악인의 길은 캄캄한 어두움과 같아서 그들이 넘어져도 무엇에 걸려 넘어졌는지조차 알지 못한다.

20. 내 아들아, 내가 하는 말에 귀를 기울이고 주의 깊게 들어라.

21. 그것을 네게서 떠나지 말게 하고 네 마음에 깊이 간직하라.

22. 내 말은 깨닫는 자에게 생명이 되고 온 몸에 건강이 된다.

23. 그 무엇보다도 네 마음을 지켜라. 여기서부터 생명의 샘이 흘러 나온다.

24. 더럽고 추한 말을 버려라. 거짓되고 잘못된 말은 입 밖에도 내지 말아라.

25. 너는 앞만 바라보고 시선을 다른 곳으로 돌리지 말며

26. 네 걸음을 조심하고 무엇을 하든지 확실하게 하라.

27. 너는 곁길로 벗어나지 말고 네 발을 악에서 떠나게 하라.

5장

1. 내 아들아, 내가 지혜와 통찰력으로 가르치는 말을 잘 귀담아 듣고

2. 모든 일을 신중하게 하며 네 말에 지식이 깃들여 있음을 보여 주어라.

3. 방탕한 여인의 입술은 꿀보다 달고 그 입은 기름보다 더 미끄러우나

4. 나중에는 쓰라림과 고통만을 남겨 줄 뿐이다.

5. 그런 여자는 지옥을 향해 죽음의 길을 치닫고 있으면서도

6. 생명의 길을 생각하지 못하며 자기 길이 비뚤어져도 그것을 깨닫지 못한다.

7. 내 아들들아, 이제 너희는 내 말을 잘 듣고 잊지 말며

8. 그런 여자를 멀리하고 그녀의 집 문에도 가까이 가지 말아라.

9. 그렇지 않으면 한때 네가 누리던 영예를 다른 사람에게 빼앗기게 되고 너는 난폭한 자들의 손에 죽음을 당할 것이며

10. 낯선 사람들이 네 재물로 배를 채우고 네 수고한 것이 다른 사람의 집으로 갈 것이다.

11. 그럴 경우 결국 네 육체는 병들어 못 쓰게 되고 너는 이렇게 탄식하게 될 것이다.

12. "내가 왜 훈계를 싫어하며 어째서 내 마음이 꾸지람을 가볍게 여겼는가?

13. 내가 내 스승의 말을 듣지 않았고 나를 가르치는 사람에게 귀를 기울이지 않았더니

14. 이제 많은 사람들 앞에서 수치를 당하게 되었구나."

15. 너는 네 아내에게 성실하고 그녀만 사랑하여라.

16. 네가 다른 여인에게 정을 주어 자식을 낳게 할 이유가 무엇이냐?

17. 너는 네 자녀를 얻는 복을 다른 사람과 나누지 못하게 하라.

18. 네가 젊어서 얻은 아내를 행복하게 하고 그녀와 함께 즐거워하라.

19. 너는 암사슴처럼 그녀를 사랑스럽고 아름답게 여겨 그 품을 항상 만족하게 여기며 그녀의 사랑을 항상 연모하라.

20. 내 아들아, 네가 무엇 때문에 음란한 여자에게 정을 주어야 하며 남의 아내 가슴을 안아야 하겠느냐?

21. 여호와께서는 사람이 하는 일을 다 지켜 보시므로 네가 무엇을 하든지 다 알고 계신다.

22. 악인은 자기 악에 스스로 걸려 넘어지며 자기 죄의 줄에 자기가 매인다.

23. 그는 진리의 교훈을 듣지 않으므로 죽을 것이며 너무 어리석은
    탓으로 길을 잃고 방황할 것이다.

6장

1. 내 아들아, 네가 만일 이웃을 위해 담보물을 잡히고 다른 사람의
   빚보증을 섰다가
2. 네가 한 말로 함정에 빠졌으면
3. 이것은 네가 네 이웃에게 걸려든 것이니 너는 이렇게 하여라 : 그
   에게 속히 가서 겸손한 태도로 네가 보증 선 것을 취소시켜 달라
   고 부탁하여 가능한 한 거기서 빠져나오도록 하라.
4. 너는 그 일을 미루지 말며 그 문제를 해결할 때까지 잠을 자거나
   긴장을 풀지 말고
5. 노루가 사냥꾼의 손에서, 새가 그물을 치는 자의 손에서 벗어나는
   것처럼 그 함정에서 빠져나오도록 하라.
6. 게으른 자여, 개미에게 가서 그 하는 일을 보고 지혜를 얻어라.
7. 개미는 두목이나 지도자나 감독관이 없어도
8. 여름 동안에 부지런히 일하여 추수 때에 겨울철에 먹을 양식을 모
   은다.
9. 게으른 자여, 네가 언제까지 누워 있을 작정이냐? 언제나 네가 깨
   어서 일어나겠느냐?
10. "좀더 자자. 좀더 졸자. 손을 모으고 좀더 쉬자" 하면

11. 네가 자는 동안에 가난이 강도같이 너에게 찾아들 것이다.

12. 불량하고 악한 자는 거짓말만 하고 돌아다니며

13. 남을 속이려고 눈짓, 손짓, 발짓을 하고

14. 그 마음은 비뚤어지고 잘못되어 항상 악한 음모를 꾸미며 어디를 가나 말썽만 일으킨다.

15. 그래서 이런 자는 재난이 갑자기 밀어닥치면 피하지 못하고 망하고 말 것이다.

16. 여호와께서 미워하고 싫어하는 것이 일곱 가지가 있는데 그것은

17. 교만한 눈과, 거짓말하는 혀와, 죄 없는 자를 죽이는 손과,

18. 악한 계획을 세우는 마음과, 악을 행하려고 빨리 달려가는 발과,

19. 거짓말을 토하는 거짓 증인과, 형제 사이를 이간하는 자이다.

20. 내 아들아, 네 아버지의 명령을 지키며 네 어머니의 가르침을 저버리지 말고

21. 그 말을 항상 네 마음에 새기고 깊이 간직하라.

22. 그것은 네가 다닐 때에 너를 인도하며 밤에는 너를 보호하고 낮에는 너에게 조언을 해 줄 것이다.

23. 네 부모의 명령은 등불이며 그 가르침은 빛이요 교육적인 책망은 생명의 길이다.

24. 이것이 너를 지켜 음란한 여자들의 유혹에 빠지지 않게 할 것이다.

25. 너는 그들의 아름다움을 보고 색욕을 품지 말며 그들의 눈짓에 홀리지 말아라.

26. 음란한 여자는 사람의 재산뿐 아니라 사람의 귀중한 생명까지 도둑질해 간다.

27. 사람이 옷을 태우지 않고 어떻게 불을 품에 품고 다니겠으며

28. 발을 데지 않고 어떻게 숯불을 밟겠느냐?

29. 이와 마찬가지로 남의 아내와 잠을 자는 것도 위험한 일이다. 그러므로 누구든지 남의 아내를 만지는 자는 벌을 면치 못할 것이다.

30. 도둑이 배가 고파 굶주린 배를 채우려고 도둑질하면 사람들이 그를 멸시하지는 않을 것이다.

31. 하지만 그가 들키면 칠 배를 갚아야 하며 갚을 돈이 없을 때는 자기 집 재산을 다 털어서라도 갚아야 한다.

32. 그러나 간음하는 자는 지각이 없는 자이다. 그는 자신을 망치고 있을 뿐만 아니라

33. 얻어 맞아 상처를 입고 모욕을 당하며 언제나 부끄러움을 씻을 수 없을 것이다.

34. 그 남편이 질투함으로 분노하여 복수하는 날에는 그가 용서받지 못할 것이며

35. 아무리 많은 위자료나 선물을 준다고 해도 그가 받지 않을 것이다.

7 장

1. 내 아들아, 내 말을 지키며 내 교훈을 잘 간직하여라.

2. 내 명령을 지켜라. 그러면 네가 살 것이다. 나의 가르침을 네 눈동자처럼 지키고

3. 이것을 항상 간직하고 네 마음에 새겨라.

4. 너는 지혜를 네 누이처럼 생각하고 가까운 친구처럼 여겨라.

5. 그러면 이것이 너를 지켜 음란한 여자들의 유혹에 빠지지 않게 할 것이다.

6. 나는 우리 집 창문을 내다보면서

7. 어리석은 자들을 많이 보았다. 그 중에서도 특별히 지각 없는 한 젊은이를 본 적이 있다.

8. 그는 음란한 여자가 살고 있는 집 모퉁이 부근의 거리를 따라 그녀의 집 쪽으로 걸어가고 있었는데

9. 때는 이미 해가 져서 어두움이 찾아드는 저녁 무렵이었다.

10. 그러자 기생처럼 예쁘게 차려 입은 간교한 그 여자가 그를 맞으러 나왔다.

11. 그녀는 집에 붙어 있지 않고 제멋대로 돌아다니며

12. 어떤 때는 길거리에서, 어떤 때는 광장에서, 어떤 때는 길 이 모퉁이 저 모퉁이에 서서 남자를 기다리는, 창녀와 같은 여자였다.

13. 그 여자가 그를 붙잡고 입을 맞추며 부끄러운 줄도 모르고 이렇게 말하였다.

14. 나는 오늘 화목제를 드려서 내가 서약한 것을 갚았다.

15. 그래서 내가 너를 찾으려고 나왔는데 여기서 만나게 되었구나.

16. 내 침대에는 이집트에서 수입해 온 아름다운 아마포가 깔려 있고

17. 몰약과 유향과 계피를 뿌려 놓았다.

18. 들어가자. 우리가 아침까지 마음껏 서로 사랑하며 즐기자.

19. 내 남편은 먼 여행을 떠나고 지금 집에 없다.

20. 그는 여비를 많이 가져갔으니 아마 보름이 되어야 집에 돌아올 것이다.

21. 그녀가 그럴 듯한 말로 구슬려대자 결국 그 청년은 그녀의 유혹에

넘어가

22. 곧 그 여자를 따라갔으니 소가 도살장으로 가는 것 같고 사슴이 올가미 속으로 뛰어들어가는 것 같았다.

23. 결국 화살이 그의 심장을 꿰뚫고 말 것이다. 그는 세차게 그물을 향해 날아가면서도 자기 생명의 위험을 알지 못하는 새와 같은 자였다.

24. 내 아들들아, 내가 하는 말에 귀를 기울이고 주의 깊게 들어라.

25. 너희는 그런 여자에게 마음을 쏟지 말고 그 길에 미혹되지 말아라.

26. 많은 사람들이 그녀에게 희생되었고 그녀에게 죽은 자도 수없이 많다.

27. 너희가 그런 여자의 집을 찾아다니는 것은 지옥행 급행 열차를 타는 것이나 다름없다.

8 장

1. 지혜가 부르지 않느냐? 총명이 소리를 높이지 않느냐?

2. 지혜가 길가의 언덕과 사거리와

3. 성문 입구와 여러 출입문 곁에 서서 이렇게 외친다.

4. 사람들아, 내가 너희를 부르며 온 인류에게 외쳐 말한다.

5. 어리석은 자들아, 너희는 분별력을 얻어라. 미련한 자들아, 너희는 사리에 밝은 자가 되어라.

6. 너희는 내 말을 들어라. 내가 아주 중요한 것을 너희에게 말하겠

다. 내가 하는 말은 다 옳은 것이다.

7. 내가 진실을 말하는 것은 내 입술이 악을 미워하기 때문이다.

8. 내 말은 건전하고 참되며 하나도 잘못되었거나 악한 것이 없다.

9. 내 말은 어느 정도의 분별력이나 지식을 가진 자라면 누구나 다 밝히 알 수 있는 평범한 것이다.

10. 너희는 은보다 내 교훈을, 정금보다 지식을 택하라.

11. 지혜는 진주보다 낫고 세상의 그 어떤 것과도 비교가 안 된다.

12. 나는 지혜이다. 나에게는 총명도 있고 지식과 분별력도 있다.

13. 여호와를 두려워하는 것이 악을 미워하는 것이다. 나는 교만과 거만과 악한 행실과 거짓된 입술을 미워한다.

14. 나에게는 조언할 말과 건전한 지식이 있으며 통찰력과 능력도 있다.

15. 나를 통해서 왕들이 세상을 다스리고 통치자들이 의로운 법을 만들며

16. 나를 통해서 군주들과 귀족들이 세상을 다스린다.

17. 나를 사랑하는 자가 나의 사랑을 받을 것이며 나를 간절히 찾는 자가 나를 만날 것이다.

18. 내게는 부귀도 있고 번영과 성공도 있다.

19. 내가 주는 것은 순금이나 순은보다 낫다.

20. 나는 의로운 길을 걸으며 공정한 길을 따르고

21. 나를 사랑하는 자들에게 재물을 주어 그들의 창고가 차고 넘치게 할 것이다.

22. 여호와께서 우주를 창조하실 때 그 무엇보다 나를 먼저 만드셨으므로

23. 나는 세상이 창조되기 전에 처음부터 있었다.

24. 그 때는 아직 바다도 생기지 않았으며 큰 샘들도 없었다.

25. 산과 언덕이 생기기 전에 내가 태어났으니

26. 하나님이 아직 땅과 들과 티끌의 분자도 만들지 않았을 때이다.

27. 그가 하늘을 만드시고 바다 표면에 수평선을 그으실 때에 내가 거기 있었으며

28. 그가 하늘에 구름을 만드시고 바다의 샘들을 여시며

29. 바닷물을 명령하여 그가 정한 한계를 넘지 못하게 하시고 또 땅의 기초를 놓으실 때에도 내가 거기 있었다.

30. 그때 나는 그의 곁에서 기능공 노릇을 하였으며 날마다 그의 기쁨이 되었고 언제나 그 앞에서 즐거워하였으며

31. 그가 만든 세상을 보고 즐거워하고 그가 창조하신 인류를 보고 기뻐하였다.

32. "청년들아, 이제 내 말을 들어라. 나의 가르침을 좇는 자들이 복이 있다.

33. 나의 교훈을 듣고 지혜를 얻어라. 그것을 버리지 말아라.

34. 누구든지 내 말을 듣고 날마다 문 앞에서 나를 찾으며 문 밖에서 나를 기다리는 자는 복이 있다.

35. 이것은 나를 얻는 자가 생명을 얻고 여호와께 은총을 받을 것이기 때문이다.

36. 그러나 나를 얻지 못하는 자는 자기 자신을 해치는 자이며 나를 미워하는 자는 죽음을 사랑하는 자이다."

9장

1. 지혜가 일곱 기둥을 다듬어 자기 집을 짓고

2. 짐승을 잡아 고기를 준비하며 포도주에 향료를 섞어 상을 차리고

3. 여종을 보내 성의 제일 높은 곳에 가서

4. 어리석은 자들아, 다 이리 오너라 하고 외치게 하였다. 지혜는 또 지각 없는 자들에게 이렇게 말하였다.

5. 너희는 와서 내가 차려 놓은 음식을 먹고 내가 혼합한 포도주를 마셔라.

6. 너희는 어리석음을 버리고 생명의 길을 찾아 지혜롭게 행하라.

7. 거만한 자를 바로잡으려다가 오히려 모욕을 당하고 악한 자를 책 망하려다가 오히려 약점만 잡힌다.

8. 거만한 사람을 책망하지 말아라. 그가 너를 미워할 것이다. 너는 오히려 지혜 있는 자를 책망하라. 그러면 그가 너를 사랑할 것이다.

9. 지혜 있는 자를 가르쳐라. 그러면 그가 더욱 지혜로워질 것이다. 의로운 사람을 가르쳐라. 그의 학식이 더할 것이다.

10. "여호와를 두려워하는 것이 지혜의 첫걸음이요 거룩하신 분을 아는 것이 깨달음이다.

11. 나 지혜를 통해서 네 날이 많아질 것이며 네 생명의 해가 더할 것이다.

12. 네가 지혜로우면 그 지혜로 유익을 얻을 것이나 네가 만일 거만 하면 너 혼자 고통을 당할 것이다."

13. 미련한 여자는 부끄러운 줄도 모르고 주책없이 떠들어대며

14. 자기 집 문턱이나 시가지 높은 곳에 앉아서
15. 바삐 지나가는 사람들을 불러
16. "어리석은 자들아, 다 이리 오너라"하고 외치며 또 지각 없는 자들에게
17. "도둑질한 물이 달고 몰래 훔쳐 먹는 빵이 맛이 있다!" 하는구나.
18. 그러나 어리석은 자들은 그녀를 따라가는 것이 죽음의 길이라는 것을 알지 못하고 또 전에 그녀의 유혹에 빠진 자들이 지금 지옥에 있다는 사실도 알지 못한다.

10 장

1. 이것은 솔로몬의 금언이다 : 지혜로운 아들은 자기 아버지를 기쁘게 하지만 미련한 아들은 자기 어머니를 슬프게 한다.
2. 부정한 방법으로 얻은 재물은 아무 유익이 없어도 정직은 생명을 구한다.
3. 여호와께서 의로운 자들은 굶주리지 않게 하시지만 악인들의 욕망은 좌절시키신다.
4. 손을 게을리 놀리는 자는 가난하게 되고 손을 부지런히 놀리는 자는 부하게 된다.
5. 여름에 부지런히 거둬들이는 자는 지혜로운 아들이지만 추수 때에 잠자는 자는 수치스러운 아들이다.
6. 의로운 자의 머리에는 언제나 복이 머물러 있으나 악인의 입에는

독소가 숨어 있다.

7. 의로운 자를 기억하는 것은 복된 일이지만 악인들의 이름은 곧 기억에서 사라질 것이다.

8. 마음이 지혜로운 사람은 좋은 충고를 받아들이지만 어리석게 지껄여대는 자는 패망할 것이다.

9. 정직한 사람은 안전하고 떳떳하지만 부정한 사람은 꼬리가 잡히고 만다.

10. 죄를 눈감아 주는 자는 근심거리를 만들고 어리석게 지껄여대는 자는 패망할 것이다.

11. 의로운 사람의 입은 생명의 샘이지만 악인의 입에는 독소가 숨어 있다.

12. 미움은 다툼을 일으켜도 사랑은 모든 허물을 덮어 준다.

13. 분별력이 있는 사람의 입술에는 지혜가 있으나 지각 없는 사람의 등에는 채찍이 기다린다.

14. 지혜로운 자는 지식을 간직하지만 미련한 자는 함부로 지껄여 패망하고 만다.

15. 부자의 재물은 그에게 견고한 성과 같고 가난한 사람의 가난은 그에게 파멸이 된다.

16. 의로운 자들의 수입은 선한 일에 쓰이지만 악인들의 소득은 죄를 짓는 데 쓰인다.

17. 훈계를 따르는 사람은 생명의 길을 걸어도 책망을 거절하는 자는 잘못된 길에 빠진다.

18. 증오심을 감추는 사람은 거짓말하는 입술을 가진 자이며 남을 비방하는 사람은 미련한 자이다.

19. 말이 많으면 죄를 짓기 쉬우니 말을 삼가는 사람이 지혜로운 자이다.

20. 의로운 사람의 혀는 순은과 같으나 악인의 생각은 별로 가치가 없다.

21. 의로운 사람의 입술은 많은 사람을 양육하지만 미련한 자는 지각이 없으므로 죽고 만다.

22. 여호와께서 복을 주시기 때문에 사람이 부하게 되는 것이지 노력만 한다고 해서 부자가 되는 것은 아니다.

23. 미련한 자는 악을 행하는 것으로 낙을 삼지만 총명한 사람은 지혜로 낙을 삼는다.

24. 악인에게는 그가 두려워하는 것이 밀어닥치지만 의로운 사람에게는 그가 원하는 것이 이루어진다.

25. 재난이 폭풍처럼 밀어닥치면 악인은 없어져도 의로운 사람은 끄떡도 하지 않는다.

26. 게으른 자는 고용주에게 상한 이빨에 식초 같고 눈에 연기 같아서 대단히 귀찮은 존재이다.

27. 여호와를 두려운 마음으로 섬기면 장수할 것이다. 그러나 악인의 수명은 길지 못할 것이다.

28. 의로운 사람의 희망은 성취될 것이지만 악인의 기대는 무너질 것이다.

29. 여호와는 정직한 사람을 보호하시고 악인들을 멸망시키신다.

30. 의로운 사람은 언제나 안전하여도 악인은 땅에서 살아 남지 못할 것이다.

31. 의로운 사람의 입은 지혜를 말하여도 악하고 더러운 혀는 베임

을 당할 것이다.

32. 의로운 사람은 유익한 말을 하지만 악인은 악하고 추한 말을 함부로 지껄인다.

11장

1. 저울 눈금을 속이면 여호와께서 미워하시고 정직하게 달면 그가 기뻐하신다.
2. 사람이 교만하면 수치를 당하지만 겸손한 자에게는 지혜가 따른다.
3. 정직한 사람의 성실은 그를 인도하지만 신실하지 못한 사람은 정직하지 못한 것 때문에 망하고 만다.
4. 재물은 심판 날에 아무 쓸모가 없어도 정직은 생명을 구한다.
5. 흠 없는 사람은 의로운 행실로 그 길이 평탄하지만 악한 자는 자신의 악 때문에 넘어질 것이다.
6. 정직한 사람은 의로움으로 구원을 받지만 정직하지 못한 사람은 자기 악에 사로잡히고 만다.
7. 악인이 죽으면 그의 희망도 사라지고 세상에 걸었던 모든 기대도 무너진다.
8. 의로운 사람은 환난 때에 구원을 받고 대신 그 환난은 악인에게 미친다.
9. 경건치 못한 사람은 입으로 그 이웃을 망하게 하여도 의로운 사람은 그의 지식으로 구원을 얻는다.

10. 의로운 사람이 잘되면 온 시민이 즐거워하고 악인이 패망하면 기뻐 외친다.
11. 도시는 정직한 사람의 축복을 통해서 발전하고 악한 자의 입 때문에 멸망한다.
12. 어리석은 자는 그 이웃을 멸시하지만 지각 있는 사람은 그의 혀를 조심한다.
13. 수다쟁이는 돌아다니면서 남의 비밀을 누설하나 마음이 신실한 자는 그런 것을 숨겨 둔다.
14. 훌륭한 지도자가 없으면 나라가 망하여도 충언자가 많으면 평안을 누린다.
15. 남의 보증을 서는 사람은 쓰라린 고통을 당하여도 남의 보증 서기를 거절하는 사람은 평안하다.
16. 상냥하고 친절한 여자는 존경을 받고 억척스런 남자는 재물을 얻는다.
17. 사람이 친절하면 자기 자신에게 유익을 끼치고 사람이 잔인하면 자기 자신에게 해를 끼친다.
18. 악인은 실질적인 소득이 없지만 의의 씨를 뿌리는 사람은 그 상이 확실하다.
19. 의를 굳게 지키는 사람은 생명에 이르고 악을 추구하는 사람은 사망에 이른다.
20. 마음이 비뚤어지고 잘못된 사람은 여호와께서 미워하셔도 행실이 올바른 사람은 여호와께서 사랑하신다.
21. 악인은 서로 손을 잡아도 형벌을 면치 못할 것이지만 의로운 사람의 자손은 구원을 얻을 것이다.

22. 분별력이 없는 여자의 아름다움은 돼지 코에 금고리와 같다.

23. 의로운 사람의 소원은 좋은 결실을 가져오고 악한 자의 희망은 진노로 끝난다.

24. 남을 위해 아낌없이 돈을 써도 더욱 부유해지는 자가 있고 지나치게 아껴도 여전히 가난한 자가 있다.

25. 선한 일에 아낌없이 돈을 쓰는 사람은 부유해질 것이며 남에게 은혜를 베푸는 사람은 자기도 도움을 받을 것이다.

26. 곡식을 내지 않고 비축해 두는 자는 백성들의 저주를 받을 것이지만 곡식을 기꺼이 파는 사람에게는 복이 있을 것이다.

27. 선을 추구하는 사람은 은총을 얻고 악을 추구하는 사람은 저주를 받을 것이다.

28. 자기 재산을 의지하는 사람은 가랑잎처럼 떨어질 것이지만 의로운 사람은 푸른 잎사귀처럼 번성할 것이다.

29. 자기 가족을 괴롭히는 사람은 얻는 것이 없으며 미련한 자는 지혜로운 사람의 종이 될 것이다.

30. 의로운 자의 열매는 생명 나무이며 사람을 얻는 자는 지혜로운 자이다.

31. 의로운 사람도 이 세상에서 보응을 받는데 악인과 죄인이 어떻게 보응을 받지 않겠는가!

12 장

1. 타일러 주는 말을 기꺼이 듣는 사람은 지식을 사랑하는 자이다.
   그러나 책망을 싫어하는 사람은 어리석은 자이다.
2. 선한 사람은 여호와의 은총을 받고 악한 사람은 여호와의 저주를
   받는다.
3. 사람이 악하면 안전하지 못하지만 의로운 자는 흔들리지 않는다.
4. 어진 아내는 남편의 자랑과 기쁨이지만 자기 남편을 부끄럽게 하
   는 아내는 그 남편의 뼈를 썩게 하는 염증과 같은 존재이다.
5. 의로운 사람의 생각은 공정하지만 악한 자의 조언은 사기성이 있다.
6. 악인의 말은 사람을 해치지만 정직한 자의 말은 사람을 구한다.
7. 악인은 패망할 것이나 의로운 사람의 집은 든든할 것이다.
8. 사람이 지혜로우면 칭찬을 받을 것이지만 마음이 비뚤어진 자는
   멸시를 받을 것이다.
9. 보잘것없는 사람이라도 종을 거느린 자는 잘난 체하면서도 먹을
   것이 없는 사람보다 낫다.
10. 의로운 사람은 자기 가축을 잘 돌봐 주지만 악인은 그 짐승에게
    까지 잔인하다.
11. 열심히 일하는 농부는 먹을 것이 풍족할 것이나 헛된 일을 추구
    하는 사람은 지각이 없는 자이다.
12. 악인은 부정 이득을 탐하여도 의로운 사람은 노력의 대가로 만
    족한다.
13. 악인은 자기가 한 말로 덫에 걸려도 의로운 사람은 환난에서 벗

어난다.

14. 사람이 진실을 말하면 큰 만족을 얻고 열심히 일하면 많은 복이 돌아온다.

15. 어리석은 사람은 자기 행위가 옳은 줄로 생각하지만 지혜로운 사람은 남의 충고를 듣는다.

16. 미련한 자는 당장 분노를 터뜨리지만 슬기로운 자는 모욕을 당해도 참는다.

17. 진실한 사람은 정직한 증언을 해도 거짓 증인은 거짓말을 할 뿐이다.

18. 칼로 찌르는 것처럼 뼈아픈 말을 함부로 지껄여대는 사람도 있으나 지혜로운 자의 말은 아픈 상처를 어루만져 준다.

19. 진실은 영원히 살아 있지만 거짓은 그 수명이 매우 짧다.

20. 악한 것을 계획하는 사람의 마음은 사기성으로 가득 차 있고 선한 것을 계획하는 사람의 마음은 기쁨으로 가득 차 있다.

21. 의로운 자에게는 해가 미치지 않지만 악한 자에게는 언제나 재앙이 따른다.

22. 여호와께서 거짓말하는 사람은 미워하셔도 진실하게 사는 사람은 기쁘게 여기신다.

23. 슬기로운 사람은 자기가 아는 것을 나타내지 않지만 미련한 사람은 자기의 어리석음을 떠벌리고 다닌다.

24. 부지런한 자는 사람을 다스려도 게으른 자는 종살이를 면치 못한다.

25. 마음의 근심은 사람을 침울하게 하지만 좋은 말은 사람의 마음을 기쁘게 한다.

26. 의로운 사람은 자기 이웃을 좋은 길로 인도하여도 악인은 자기 이웃을 못된 길로 인도한다.
27. 사람이 게으르면 추구하는 것을 얻지 못하지만 열심히 일하면 재산을 모은다.
28. 의의 길에는 생명만이 있을 뿐 그 길에는 죽음이 없다.

13 장

1. 지혜로운 아들은 자기 아버지가 타이르는 말을 주의 깊게 듣지만 거만한 자는 꾸지람을 들으려고 하지 않는다.
2. 선한 사람은 자기가 한 말로 복을 누리고 살지만 악한 사람은 폭력을 일삼는다.
3. 자기 입을 지키는 자는 생명을 보전할 수 있으나 함부로 지껄여대는 자는 파멸하게 된다.
4. 게으른 자는 원하는 것이 있어도 얻지 못하지만 부지런한 사람은 원하는 것을 풍족하게 얻는다.
5. 의로운 사람은 거짓말을 미워하나 악인은 항상 거짓말만 하다가 부끄러움을 당한다.
6. 의는 정직한 자를 보호하고 악은 죄인을 망하게 한다.
7. 부자인 체하여도 가진 것이 없는 자가 있고 가난한 체하여도 재물이 많은 자가 있다.
8. 부자는 돈으로 자기 생명을 구걸하는 경우가 있어도 가난한 자는

협박을 받을 일이 없다.

9. 의로운 사람은 밝게 빛나는 빛과 같고 악인은 꺼져가는 등불과 같다.

10. 교만은 다툼을 일으킬 뿐이다. 충고를 듣는 자는 지혜로운 사람이다.

11. 쉽게 얻은 재산은 점점 줄어들고 힘들여 모은 재산은 점점 늘어간다.

12. 사람은 바라던 것이 제대로 이루어지지 않을 때 상심하게 되지만 소원하던 것이 이루어지면 기뻐하고 즐거워한다.

13. 하나님의 말씀을 멸시하는 자는 망할 것이나 그 말씀을 두려워하는 자는 상을 얻을 것이다.

14. 지혜 있는 자의 교훈은 생명의 샘과 같아서 사람을 죽을 위기에서 구해낸다.

15. 교양 있는 사람은 은혜를 끼치지만 신실치 못한 자의 길은 험하기만 하다.

16. 슬기로운 사람은 생각하고 행동하지만 미련한 자는 자기의 어리석음을 드러낸다.

17. 악한 사절은 말썽을 일으켜도 충성된 사절은 평화를 조성한다.

18. 타이르는 말을 듣지 않는 사람에게는 가난과 수치가 따르고 책망을 들을 줄 아는 사람은 존경을 받는다.

19. 소원이 이루어진다는 것은 얼마나 좋은 일인가! 그러나 미련한 자들은 악에서 떠나기를 싫어한다.

20. 지혜로운 사람과 함께 다니면 지혜를 얻고 미련한 사람과 사귀면 해를 입는다.

21. 죄인에게는 재앙이 따르고 의로운 사람에게는 축복이 따른다.

22. 선한 사람은 자기 재산을 후손에게 물려 주지만 죄인의 재산은 선한 사람을 위해 쌓인다.

23. 가난한 사람의 땅은 많은 양식을 낼 수도 있으나 불의가 그것을 쓸어 가 버린다.

24. 매를 아끼는 것은 자식을 미워하는 것이다. 진정으로 자식을 사랑하는 부모는 성실하게 자식을 징계한다.

25. 의로운 사람은 배불리 먹을 것이 있어도 악인의 배는 언제나 허기증을 느낀다.

14 장

1. 지혜로운 여자는 가정을 행복하게 꾸미고 미련한 여자는 스스로 가정을 파괴한다.

2. 정직하게 사는 사람은 여호와를 두려워하지만 잘못되고 비뚤어진 길을 걷는 사람은 여호와를 멸시한다.

3. 미련한 자는 교만한 말로 화를 불러 일으키지만 지혜로운 자는 그 말로 자기를 보호한다.

4. 소가 없으면 외양간은 깨끗할지 모른다. 그러나 소의 힘이 아니면 풍성한 수확을 거둘 수가 없다.

5. 신실한 증인은 사실대로 말하지만 거짓 증인은 거짓말만 내뱉는다.

6. 거만한 사람은 지혜를 구하여도 얻지 못하지만 총명한 사람은 쉽게 지식을 얻는다.

7. 미련한 자를 멀리하라. 그런 자에게서는 아무것도 배울 것이 없다.

8. 슬기로운 사람이 지혜로운 것은 자기 앞길을 알기 때문이며 미련한 자가 어리석은 것은 속이기 때문이다.

9. 미련한 사람은 죄를 대단치 않게 생각하지만 정직한 사람은 죄를 두렵게 여긴다.

10. 마음의 고통은 자기만이 알고 마음의 즐거움도 진정한 의미에서 다른 사람은 맛볼 수 없다.

11. 악한 사람의 집은 망할 것이나 정직한 사람의 집은 번창할 것이다.

12. 어떤 길은 사람이 보기에 바른 것 같지만 결국은 죽음에 이르고 만다.

13. 웃는다고 해서 슬픔이 잊혀지는 것은 아니다. 웃음이 끝나면 슬픔은 여전히 남는다.

14. 악한 사람은 악한 행위에 대한 대가를 받고 선한 사람은 선한 행위에 대한 보상을 받는다.

15. 어리석은 사람은 아무 말이나 믿지만 슬기로운 사람은 자기 행동을 조심스럽게 살핀다.

16. 지혜로운 사람은 하나님을 두려워하여 악을 피하나 어리석은 자는 조심 없이 함부로 행동한다.

17. 성미가 급한 사람은 어리석은 짓을 하고 악한 일을 꾀하는 자는 미움을 받는다.

18. 어리석은 사람은 어리석음에 대한 대가를 받고 슬기로운 사람은 지식의 면류관을 쓰게 된다.

19. 악한 사람은 선한 사람 앞에 굴복하고 불의한 사람은 의로운 사람의 문 앞에 엎드린다.

20. 가난한 사람은 자기 이웃에게까지 업신여김을 당하지만 부유한 사람에게는 많은 친구가 따른다.

21. 자기 이웃을 멸시하는 사람은 죄를 짓는 자이며 가난한 자를 불쌍히 여기는 사람은 복 있는 자이다.

22. 악한 일을 계획하는 사람은 잘못된 길을 가게 되지만 선한 일을 계획하는 사람은 사랑과 신의를 얻는다.

23. 열심히 일하면 수입이 있어도 잡담만 하고 앉아 있으면 가난하게 된다.

24. 지혜로운 사람의 재물은 면류관과 같아도 미련한 자의 소유는 어리석음뿐이다.

25. 진실한 증인은 사람의 생명을 구하여도 거짓 증인은 사람을 배신한다.

26. 여호와를 두려운 마음으로 섬기는 자에게는 안전한 요새가 있으니 이것이 그의 자녀들에게 피난처가 될 것이다.

27. 여호와를 두려운 마음으로 섬기는 것은 생명의 샘과 같아서 사람을 죽음에서 구한다.

28. 백성이 많으면 왕에게 영광이 되지만 백성이 적으면 주권자도 별볼일 없다.

29. 좀처럼 화를 내지 않는 사람이 지혜로운 자이다. 그러나 성미가 급한 사람은 자기의 어리석음을 나타낼 뿐이다.

30. 마음이 평안하면 육신도 건강하나 시기하면 뼈마디가 썩는다.

31. 가난한 자를 학대하는 사람은 그를 지으신 하나님을 멸시하는 자이며 가난한 자를 불쌍히 여기는 사람은 하나님을 존경하는 자이다.

32. 재난이 오면 악인은 쓰러지지만 의로운 사람은 죽어도 희망이 있다.
33. 지혜는 슬기로운 사람의 마음에만 머물 뿐 4) 미련한 자의 마음에는 알려지지 않는다.
34. 의는 나라를 높여도 죄는 백성을 부끄럽게 한다.
35. 지혜로운 신하는 왕의 총애를 받지만 욕을 끼치는 신하는 왕의 분노를 산다.

15 장

1. 부드러운 대답은 분노를 가라앉혀도 과격한 말은 분노를 일으킨다.
2. 지혜 있는 자는 지식이 돋보이게 말하지만 미련한 자는 어리석은 말만 지껄여댄다.
3. 여호와께서는 어디서든지 악한 사람과 선한 사람을 지켜 보신다.
4. 따뜻하고 부드러운 말은 생명 나무와 같아도 잔인한 말은 사람의 마음을 상하게 한다.
5. 자기 아버지의 가르침을 무시하는 사람은 미련한 자요 자기 아버지가 타이를 때 듣는 사람은 슬기로운 자이다.
6. 의로운 사람의 집에는 보물이 많아도 악인의 소득에는 문젯거리가 많다.
7. 지혜로운 사람은 지식을 전하지만 미련한 사람은 그렇지 못하다.
8. 여호와께서 악인의 제사는 미워하셔도 정직한 사람의 기도는 기뻐

하신다.

9. 여호와께서 악인의 길은 미워하셔도 의를 추구하는 사람은 사랑하신다.

10. 진리를 저버리는 자는 엄한 벌을 받을 것이며 책망할 때 듣지 않는 자는 죽게 될 것이다.

11. 지옥의 깊은 곳도 여호와 앞에 드러나는데 사람이 어찌 자기 생각을 여호와께 숨길 수 있겠는가!

12. 거만한 사람은 책망받기를 싫어하며 지혜로운 사람에게 찾아가지 않는다.

13. 마음의 즐거움은 얼굴 표정을 밝게 하고 마음의 근심은 심령을 상하게 한다.

14. 지혜로운 자는 지식을 추구하지만 미련한 자는 어리석음을 즐긴다.

15. 고통당하는 자의 삶은 비참하나 마음에 기쁨을 가진 자는 항상 즐겁기만 하다.

16. 가난하지만 여호와를 두려운 마음으로 섬기는 것이 부유하면서도 늘 번민 속에 사는 것보다 낫다.

17. 채소를 먹어도 서로 사랑하는 것이 살진 소를 먹으면서 서로 미워하는 것보다 낫다.

18. 성미가 급한 사람은 다툼을 일으켜도 좀처럼 화를 내지 않는 사람은 시비를 그치게 한다.

19. 게으른 자의 길은 가시밭과 같고 정직한 자의 길은 고속 도로와 같다.

20. 지혜로운 아들은 자기 아버지를 즐겁게 하여도 미련한 아들은 자기 어머니를 업신여긴다.

21. 무지한 사람은 어리석음을 좋아하지만 지혜 있는 자는 바른 길을 걷는다.

22. 조언을 해 주는 사람이 없으면 계획한 일이 실패하여도 조언을 해 주는 사람이 많으면 계획한 일이 성공한다.

23. 대답 한마디 잘해서 사람이 기쁨을 얻는 일은 얼마든지 있다. 제 때에 적절한 말을 한다는 것이 얼마나 귀한 일인가!

24. 지혜로운 사람은 위에 있는 생명의 길을 향하므로 아래 있는 지옥을 떠나게 된다.

25. 여호와는 교만한 자의 집을 허시고 과부의 재산은 보호하신다.

26. 여호와께서 악인의 생각은 미워하셔도 마음이 순결한 사람의 생각은 기뻐하신다.

27. 부정 이득을 탐하는 자는 자기 가족에게 해를 끼치지만 뇌물을 싫어하는 자는 살 것이다.

28. 의로운 사람은 대답할 말을 깊이 생각하여도 악인은 악한 말을 마구 내뱉는다.

29. 여호와께서 악인은 멀리하시지만 의로운 사람의 기도는 들으신다.

30. 밝은 표정은 마음을 기쁘게 하고 기쁜 소식은 건강에 좋다.

31. 좋은 책망을 들을 줄 아는 사람은 지혜로운 자이다.

32. 타이르는 말을 무시하는 것은 자기 자신을 멸시하는 것이지만 책망을 달게 받으면 깨달음을 얻는다.

33. 여호와를 두려워하면 지혜를 얻는다.

34. 사람은 영예를 얻기에 앞서 먼저 겸손해야 한다.

16 장

1. 계획은 사람이 세우지만 그 결과는 하나님께 달려 있다.

2. 사람의 행위가 자기 보기에는 다 깨끗한 것 같아도 마음을 살피시는 여호와 앞에서는 그렇지 않다.

3. 네가 하는 일을 여호와께 맡겨라. 그러면 네가 계획한 일이 이루어질 것이다.

4. 여호와께서 모든 것을 자기 목적에 맞도록 만드셨으므로 악인들도 재앙의 날을 위해 존재한다.

5. 여호와께서 교만한 자들을 미워하시므로 그들은 절대로 형벌을 면치 못할 것이다.

6. 자비와 진리로 죄가 용서되고 여호와를 두려워함으로 악에서 떠나게 된다.

7. 사람이 여호와를 기쁘시게 하면 여호와께서는 그 사람의 원수까지도 그와 화목하게 지내게 하신다.

8. 정직하게 번 적은 수입이 부정하게 번 많은 수입보다 낫다.

9. 사람이 마음으로 자기 길을 계획할지라도 그 걸음을 인도하시는 분은 여호와이시다.

10. 하나님의 말씀이 왕의 입술에 있으면 왕의 재판이 잘못되지 않을 것이다.

11. 사람은 모든 상거래에 있어서 정직해야 한다. 이것이 여호와께서 세우신 원칙이다.

12. 왕은 악을 허용해서는 안 된다. 이것은 나라가 의로써 굳게 세워

지기 때문이다.

13. 왕은 진실한 말을 듣고 싶어하며 정직하게 말하는 자를 사랑한다.

14. 왕이 화가 나면 죽음의 사자처럼 무서워도 지혜로운 사람은 그 노여움을 누그러지게 한다.

15. 왕의 표정에 생명이 달렸으니 그의 은총은 봄에 비를 내리는 구름과 같다.

16. 지혜를 얻는 것이 금을 얻는 것보다 낫고 지식을 얻는 것이 은을 얻는 것보다 낫다.

17. 정직한 사람의 길은 악을 피하므로 그 길을 걷는 자가 안전하다.

18. 교만하면 패망하고 거만하면 넘어진다.

19. 겸손한 마음으로 가난한 자와 함께 있는 것이 교만한 자와 함께 약탈물을 나누는 것보다 낫다.

20. 지혜롭게 말씀을 따라 사는 사람이 좋은 것을 얻을 것이며 여호와를 신뢰하는 사람이 복을 받을 것이다.

21. 마음이 지혜로운 자는 총명하다는 말을 듣고 호감을 주는 말은 설득력을 크게 한다.

22. 지혜로운 사람에게는 지혜가 생명의 샘과 같아도 미련한 사람에게는 어리석음이 징벌이 된다.

23. 지혜로운 사람의 말은 언제나 신중성이 있고 설득력이 있다.

24. 친절한 말은 꿀송이와 같아서 마음을 흐뭇하게 하고 건강에도 좋다.

25. 어떤 길은 사람이 보기에 바른 것 같지만 결국은 죽음에 이르고 만다.

26. 노동하는 사람은 식욕이 왕성하여 배고픔을 채우려고 열심히 일

한다.

27. 불량배는 언제나 남을 해칠 일만 생각하니 그의 말은 맹렬히 타는 불과 같다.
28. 못돼먹은 자는 다툼을 일으키고 수다쟁이는 친한 친구를 갈라 놓는다.
29. 난폭한 자는 자기 이웃을 꾀어 좋지 못한 길로 인도한다.
30. 능청맞게 눈짓하는 자는 못된 일을 꾀하고 입술을 굳게 다무는 자는 악을 불러일으킨다.
31. 백발은 영광의 면류관이며 의로운 삶에서 얻어지는 것이다.
32. 좀처럼 화를 내지 않는 사람이 용사보다 낫고 자기를 다스릴 줄 아는 자가 도시를 정복하는 자보다 낫다.
33. 제비를 뽑는 일은 사람이 하지만 그 일을 결정하는 분은 여호와이시다.

17장

1. 마른 빵 한 조각을 먹어도 화목하는 것이 집 안에 먹을 것이 많으면서 다투는 것보다 낫다.
2. 슬기로운 종은 주인의 못된 아들을 다스리며 주인의 아들들과 함께 유산을 받을 것이다.
3. 불은 은과 금을 연단하지만 여호와는 사람의 마음을 연단하신다.
4. 악인은 악한 말을 잘 듣고 거짓말쟁이는 거짓말에 귀를 기울인다.

5. 가난한 사람을 조롱하는 것은 그를 지으신 하나님을 모욕하는 것이다. 남의 불행을 보고 기뻐하는 자는 형벌을 면치 못할 것이다.

6. 손자는 노인의 면류관이며 부모는 자식의 자랑이다.

7. 분에 넘치는 말도 미련한 자에게 어울리지 않는데 거짓말이 점잖은 사람에게 어떻게 어울리겠는가!

8. 어떤 사람은 뇌물을 마법처럼 생각하여 그것이면 무엇이든지 할 수 있다고 믿는다.

9. 허물을 덮어 주는 사람은 사랑을 추구하는 자이며 그것을 거듭 말하는 사람은 친한 친구를 이간하는 자이다.

10. 총명한 사람에게는 한마디의 꾸지람이 미련한 자에게 매 백 대를 때리는 것보다 더욱 뼈저리게 느껴진다.

11. 악한 자는 반역을 일삼고 있으니 잔인한 처벌을 면치 못할 것이다.

12. 어리석은 일에 미쳐 날뛰는 바보를 만나는 것보다 차라리 새끼를 빼앗긴 어미 곰을 만나는 것이 더 안전하다.

13. 누구든지 선을 악으로 갚으면 악이 그의 집을 떠나지 않을 것이다.

14. 다툼은 댐에 물이 새는 것처럼 사소한 데서 시작된다. 그러므로 싸움이 벌어지기 전에 미리 시비를 그치는 것이 좋다.

15. 악인을 의로운 사람으로 취급하는 자와 의로운 사람을 죄인처럼 취급하는 자를 여호와께서는 다 같이 미워하신다.

16. 지각 없는 바보가 돈으로 지혜를 사겠다는 것이 얼마나 어리석은 일인가?

17. 변함없이 서로 사랑하는 것이 친구이며 위급할 때 서로 돕는 것이 형제이다.

18. 남의 빚 보증을 서는 자는 지혜가 없는 사람이다.

19. 다투기를 좋아하는 사람은 죄를 사랑하는 자이며 부를 자랑하듯 대문을 높이는 사람은 패망을 스스로 불러들이는 자이다.

20. 마음이 비뚤어진 자는 좋은 것을 기대할 수 없고 함부로 혀를 놀리는 자는 언제나 어려운 일을 당하게 된다.

21. 미련한 자식을 둔 부모는 근심이 있을 뿐 아무런 낙이 없다.

22. 마음의 즐거움은 좋은 약이 되어도 마음의 근심은 뼈를 마르게 한다.

23. 악인은 몰래 뇌물을 받고 모든 일을 정당하게 처리하지 않는다.

24. 총명한 사람은 지혜로운 일을 추구하지만 미련한 자는 온갖 잡다한 것에 눈길을 돌린다.

25. 미련한 아들은 그의 아버지에게 근심이 되고 그의 어머니에게 고통이 된다.

26. 죄 없는 사람에게 벌금을 물리고 점잖은 사람을 정직하다고 매질하는 것은 옳은 일이 못 된다.

27. 배운 사람은 말을 함부로 하지 않으며 지혜 있는 사람은 언제나 침착하다.

28. 미련한 사람도 가만히 있으면 지혜로운 자로 여기고 입을 다물고 있으면 지성인 취급을 받는다.

18 장

1. 다른 사람과 잘 어울리지 않는 사람은 자기 이익만을 추구하고 모

든 지혜로운 판단을 무시한다.

2. 미련한 자는 남을 이해하려 들지 않고 자기 의견만 내세우기 좋아한다.

3. 악이 오면 멸시도 따라오고 수치가 오면 비난도 따른다.

4. 슬기로운 사람의 말은 깊은 물과 같고 지혜의 샘은 솟구쳐 흐르는 시내와 같다.

5. 재판석에서 악인을 옹호하고 의로운 사람을 죄인 취급하는 것은 옳지 못한 일이다.

6. 미련한 자가 다툼을 일으키는 것은 매를 자청하는 것이다.

7. 미련한 자는 입이 그의 멸망이 되고 입술이 그 영혼의 그물이 된다.

8. 나쁜 소문을 퍼뜨리고 다니는 사람의 말은 맛있는 음식과 같아서 사람들은 그것을 삼키기 좋아한다.

9. 자기 일을 게을리하는 사람은 패망하는 자의 형제이다.

10. 여호와는 견고한 망대와 같아서 의로운 사람이 그에게 달려가면 안전하게 피할 수 있다.

11. 부자들은 그들의 재산을 태산처럼 믿고 그것이 자기들을 보호해 줄 것으로 알고 있다.

12. 사람이 망하려면 먼저 교만해지지만 존경을 받을 사람은 먼저 겸손해진다.

13. 사연을 들어 보지도 않고 대답하면 어리석은 사람으로 무시당한다.

14. 사람이 병들면 정신력으로 지탱할 수 있으나 그 정신력마저 잃으면 아무 희망이 없어진다.

15. 총명한 사람의 마음은 지식을 얻고 지혜로운 사람의 귀는 지식을 추구한다.

16. 선물은 주는 사람의 길을 열어 주고 그를 높은 사람 앞으로 인도한다.
17. 법정에서는 첫 변론자의 말이 언제나 옳은 것 같지만 그 말을 반박하는 사람의 말을 들어 보면 반드시 그런 것도 아니다.
18. 제비 뽑는 것은 시비를 그치게 하고 강한 자 사이에 문제를 해결해 준다.
19. 기분이 상한 형제의 마음을 돌이키는 것은 요새화된 성을 빼앗는 것보다 더 어려운 일이다. 이와 같이 한번 다투게 되면 마음을 철문처럼 닫아 버리기가 일쑤이다.
20. 사람은 말 한마디 잘해서 만족을 얻는 일이 얼마든지 있다.
21. 혀는 사람을 죽이기도 하고 살리기도 한다. 혀를 놀리기 좋아하는 사람은 반드시 그 대가를 받는다.
22. 아내를 얻는 사람은 좋은 것을 얻고 여호와께 은총을 받는 자이다.
23. 가난한 사람은 간청하듯이 말하지만 부자는 거만하게 대답한다.
24. 친구가 많으면 피해를 보는 경우도 있으나 그 중에는 형제보다 더 친한 친구도 있다.

19장

1. 가난하지만 진실하게 사는 사람이 입술이 거짓되고 미련한 사람보다 낫다.
2. 지식 없는 열심은 좋지 못하고 성급한 사람은 잘못이 많다.

3. 사람은 자기가 미련해서 앞길을 망치고서도 마음으로는 하나님을 원망한다.

4. 부유하면 새로운 친구가 계속 늘어나지만 가난하면 있던 친구도 떠나고 만다.

5. 거짓 증인은 벌을 면치 못할 것이며 거짓말을 토하는 자도 무사하지 못할 것이다.

6. 너그러운 사람에게 은혜를 구하는 자가 많고 선물을 주기 좋아하는 자에게 사람마다 친구가 되고 싶어한다.

7. 사람이 가난하면 형제들에게도 업신여김을 받는데 어찌 그 친구들이 그를 멀리하지 않겠는가! 아무리 가까이해 보려고 해도 그들을 만나기가 어려울 것이다.

8. 지혜를 얻는 사람이 자기 영혼을 사랑하고 통찰력을 가진 사람이 성공할 것이다.

9. 거짓 증인은 벌을 면치 못할 것이며 거짓말쟁이는 망하고 말 것이다.

10. 미련한 자가 사치하는 것이 마땅치 않으며 종이 귀족을 다스리는 것도 마땅치 못하다.

11. 분노를 참는 것이 사람의 슬기이며 남의 허물을 덮어 주는 것이 자기의 영광이다.

12. 왕의 분노는 사자의 부르짖음 같고 왕의 은혜는 풀밭의 이슬 같다.

13. 미련한 아들은 그 아버지의 파멸이며 잔소리 심한 아내는 쉴 사이 없이 떨어지는 물방울과 같다.

14. 집과 재산은 부모에게서 물려받지만 슬기로운 아내는 여호와께서 주시는 선물이다.

15. 사람이 게으르면 잠은 실컷 잘지 모르지만 결국 굶주리게 될 것이다.

16. 계명을 지키는 사람은 자기 영혼을 지키지만 자기 행실을 조심하지 않는 사람은 죽게 될 것이다.

17. 가난한 사람을 돕는 것은 여호와께 빌려 주는 것이니 여호와께서 그의 선행을 반드시 갚아 주실 것이다.

18. 아직 희망이 있을 때 자녀를 징계하라. 그러나 죽일 마음은 품지 말아라.

19. 성질이 불 같은 사람은 그 결과에 대해서 자신이 책임을 지게 하라. 만일 그런 사람을 한번 구해 주게 되면 계속해서 그를 구해 주어야 할 것이다.

20. 남의 충고를 귀담아 듣고 훌륭한 사람들의 가르침을 잘 받아라. 그러면 네가 지혜롭게 될 것이다.

21. 사람이 여러 가지 계획을 세워도 여호와의 뜻만 이루어진다.

22. 탐심은 부끄러운 것이니 가난한 자가 거짓말쟁이보다 낫다.

23. 여호와를 두려워하는 것이 사는 길이다. 여호와를 두려워하는 사람은 재앙을 받지 않고 만족한 삶을 누릴 것이다.

24. 게으른 자는 손을 그릇에 넣고도 입에 갖다 넣기를 싫어한다.

25. 거만한 자를 벌하라. 어리석은 자가 각성할 것이다. 식별력이 있는 사람을 책망하라. 그러면 그가 지혜로운 사람이 될 것이다.

26. 자기 아버지를 구박하고 자기 어머니를 쫓아내는 자는 파렴치한 아들이다.

27. 내 아들아, 지식의 말씀에서 떠나게 하는 교훈을 듣지 말아라.

28. 악한 증인은 진실을 무시하고 죄 짓는 일을 물 먹듯이 한다.

29. 형벌은 거만한 자를 위해 마련되었고 채찍은 어리석은 자의 등을 위해 마련되었다.

20 장

1. 포도주는 사람을 거만하게 하고 독주는 사람을 떠들어대게 하니 술에 취하는 사람은 지혜롭지 못한 자이다.

2. 왕의 분노는 사자의 부르짖음 같다. 그러므로 왕을 화나게 하는 것은 자살 행위나 다름이 없다.

3. 다툼을 피하는 것이 사람의 지혜이건만 미련한 자는 다툼을 일으킨다.

4. 제철에 밭을 갈지 않은 게으른 농부는 추수 때가 되어도 얻을 것이 없다.

5. 사람 마음속의 계획은 깊은 물과 같지만 통찰력을 가진 사람은 그것을 길어 낸다.

6. 많은 사람이 서로 충성을 다하고 있다고 주장하니 누가 충성된 자를 만날 수 있겠는가?

7. 정직하고 흠 없이 사는 의로운 아버지를 모신 자녀는 복 있는 자이다.

8. 재판석에 앉은 왕은 그의 눈으로 죄의 진상을 가려낸다.

9. 나는 내 마음을 깨끗하게 하였다. 나는 죄 없이 깨끗하다라고 말할 자가 누구인가?

10. 저울과 되를 속이는 자를 여호와께서는 미워하신다.

11. 비록 아이라도 그 하는 짓을 보면 그의 행동이 순수하고 정직한지 알 수 있다.

12. 듣는 귀와 보는 눈은 다 여호와께서 만드신 것이다.

13. 잠자기를 좋아하면 가난하게 된다. 눈을 뜨고 열심히 일하라. 그러면 먹을 것이 풍족할 것이다.

14. 물건을 살 때는 좋지 않다고 말하면서도 돌아와서는 그 물건을 자랑하는 것이 사람이다.

15. 세상에는 금도 있고 진주도 많지만 그보다 더 귀한 보배는 지혜로운 입술이다.

16. 낯선 사람의 보증을 서는 자에게는 그의 옷을 담보로 잡고 외국인의 보증을 서는 자에게는 그의 몸을 담보로 잡아라.

17. 남을 속여서 얻은 것이 맛있는 음식처럼 보이지만 그것은 얼마 안 가서 입 안의 모래와 같을 것이다.

18. 계획을 세우기에 앞서 먼저 다른 사람의 조언을 듣고 전쟁하기에 앞서 먼저 지혜로운 전략가들의 지도를 받아라.

19. 수다를 떨고 돌아다니는 사람은 남의 비밀을 누설하는 자이다. 그러므로 그런 사람과 사귀지 말아라.

20. 자기 부모를 저주하는 사람의 최후는 어둠 속에서 꺼져가는 등불과 같을 것이다.

21. 처음에 급히 얻은 재물은 나중에 복이 되지 않는다.

22. 너는 네가 직접 복수하겠다는 생각을 버리고 여호와께서 처리하실 때까지 기다려라.

23. 균일하지 않은 저울추는 여호와께서 미워하시는 것이며 속이는 저울도 좋은 것이 아니다.

24. 사람의 길은 여호와께서 결정하시는데 우리가 어떻게 자기 길을 알 수 있겠는가?

25. 신중하게 생각해 보지도 않은 채 무턱대고 하나님께 바치겠다는

약속을 해 놓고 나중에 후회하는 것은 어리석고 경솔한 짓이다.

26. 지혜로운 왕은 악인을 색출하여 가차없이 처벌한다.

27. 사람의 영혼은 여호와의 등불과 같아서 그 사람의 깊은 곳까지 다 살핀다.

28. 왕이 인자하고 정직하며 공정하면 그 왕위가 든든하다.

29. 젊은이들의 영광은 그들의 힘이요 노인들의 영광은 그들의 백발이다.

30. 상처가 나도록 때리고 엄하게 벌하면 마음속 깊은 곳에 있는 악도 몰아내게 된다.

21 장

1. 여호와께서 왕의 마음을 다스리시며 그 생각의 방향을 도랑물처럼 마음대로 바꾸신다.

2. 사람의 행위가 자기 보기에는 다 깨끗한 것 같아도 마음을 살피시는 여호와 앞에서는 그렇지 않다.

3. 의롭고 공정한 일을 하는 것이 제사를 드리는 것보다 여호와를 더 기쁘시게 한다.

4. 거만한 눈과 교만한 마음과 악인의 성공은 다 죄가 된다.

5. 신중한 계획으로 성실하게 일하면 부유하게 되고 조급하게 굴면 가난하게 된다.

6. 속여서 얻은 재물은 사라지는 안개와 같고 죽음의 덫과 같다.

7. 악인은 자기가 쓴 폭력에 자기가 망한다. 이것은 악인이 옳은 일을 거절하기 때문이다.

8. 죄인의 행위는 비뚤어지고 잘못되었으며 순결한 사람의 행위는 바르고 곧다.

9. 다투기 좋아하는 여자와 한집에 사는 것보다 차라리 옥상 한 구석에서 혼자 사는 것이 더 낫다.

10. 악인은 악을 갈망하기 때문에 그의 이웃도 불쌍히 여기지 않는다.

11. 거만한 사람이 벌을 받으면 어리석은 자가 지혜를 얻고 지혜로운 사람이 가르침을 받으면 자신이 지식을 얻는다.

12. 의로우신 하나님은 악인의 집을 살피셔서 악인을 파멸에 던져 넣으신다.

13. 사람이 귀를 막고 가난한 자의 부르짖음을 듣지 않으면 자기가 부르짖을 때에도 응답을 받지 못할 것이다.

14. 몰래 주는 선물은 화를 그치게 하고 슬쩍 넣어 주는 뇌물은 큰 분노를 누그러지게 한다.

15. 정의가 실현되면 의로운 사람이 기뻐하지만 악인은 두려워한다.

16. 지혜의 길을 떠난 사람은 파멸하게 된다.

17. 쾌락을 좋아하는 사람은 가난하게 되고 술과 사치를 좋아하는 사람도 부하게 되지 못한다.

18. 악인은 의로운 사람을 해치려다가 오히려 자기가 희생을 당한다.

19. 다투기 좋아하는 성미 고약한 여자와 함께 사는 것보다는 차라리 광야에서 혼자 사는 것이 더 낫다.

20. 지혜로운 사람은 앞날을 위해서 저축하지만 미련한 사람은 닥치는 대로 써 버린다.

21. 의와 사랑을 추구하는 사람은 생명과 의와 영광을 얻는다.
22. 지혜로운 사람은 용사들의 성을 공격하여 그들이 의지하는 요새를 무너뜨린다.
23. 자기 입과 혀를 지키는 사람은 환난에서 자기 영혼을 지킨다.
24. 거만하고 교만한 사람을 냉소자라고 부르는 것은 그가 오만하게 행동하기 때문이다.
25. 일하기를 싫어하는 게으른 자에게는 욕심, 바로 그것이 죽음이다.
26. 그는 하루 종일 더 가지기를 탐하지만 의로운 자는 아낌없이 구제를 베푼다.
27. 여호와께서는 본래부터 악인들의 제물을 싫어하시는데 그들이 악한 동기에서 드리는 제물을 어찌 싫어하지 않으시겠는가!
28. 거짓 증인의 말은 곧 사멸되지만 진실한 증인의 말은 계속 생명력을 유지한다.
29. 악인은 언제나 뻔뻔스러운 태도를 취하나 의로운 사람은 자기 행동을 삼간다.
30. 그 어떤 지혜와 통찰력과 묘안도 여호와를 당해 내지는 못한다.
31. 사람이 전쟁에 대비하여 말을 준비하지만 승리는 여호와께 달려 있다.

22 장

1. 많은 재물보다 명예를 택하고 은이나 금보다 은총을 택하라.
2. 부자와 가난한 자의 공통점은 여호와께서 그들을 다 지으셨다는 점이다.
3. 슬기로운 사람은 위험을 보면 피하지만 어리석은 자는 그대로 나아가다가 어려움을 당한다.
4. 겸손하고 여호와를 두려운 마음으로 섬기면 부와 명예를 얻고 장수하게 된다.
5. 악인은 가시와 덫이 많은 길을 걷지만 자기 영혼을 지키는 사람은 그런 길을 피한다.
6. 아이에게 바른 길을 가르쳐라. 그러면 늙어도 그 길을 떠나지 않을 것이다.
7. 부자는 가난한 사람을 다스리고 빚진 사람은 채주의 종이 된다.
8. 악을 뿌리는 사람은 재앙을 거둘 것이며 그의 분노의 기세도 꺾일 것이다.
9. 남에게 주는 것을 아까워하지 않고 가난한 사람과 음식을 나눠 먹는 자는 복을 받을 것이다.
10. 거만한 자를 추방하면 다툼이 떠나고 싸움과 욕지거리도 그친다.
11. 마음의 순결을 사랑하고 말을 품위 있게 하는 사람에게는 왕이 그의 친구가 된다.
12. 여호와께서는 지식 있는 사람을 지키시지만 성실하지 못한 사람의 말은 좌절시키신다.

13. 게으른 사람은 곧잘 이렇게 변명한다. "나는 일하러 갈 수 없다. 내가 만일 밖에 나가면 거리에서 사자에게 찢겨 죽을 것이다."

14. 창녀의 입은 위험한 함정이다. 여호와의 저주를 받은 자가 거기에 빠진다.

15. 아이들은 미련한 짓을 하기가 일쑤지만 징계의 채찍으로 이런 것을 바로 잡을 수 있다.

16. 자기 사욕을 위해서 가난한 사람을 학대하는 자와 부자에게 뇌물을 주는 자는 가난하게 될 것이다.

17. 너는 귀를 기울이고 잘 들어라. 내가 지혜로운 사람의 말을 가르쳐 주겠다.

18. 너는 이것을 마음에 간직하고 자주 인용하는 것이 좋다.

19. 내가 오늘 이것을 너에게 가르치는 것은 네가 여호와를 신뢰할 수 있도록 하기 위해서이다.

20. 지금부터 내가 지식과 조언이 담긴 명언 30가지를 너를 위해 기록하겠다.

21. 이것은 너에게 진리의 말씀을 확실하게 가르쳐 줄 것이다. 그러면 너도 이런 것을 묻는 사람들에게 정확한 대답을 할 수 있지 않겠느냐?

22. 가난한 사람의 약점을 이용하려 들지 말며 법정에서 무력한 자를 억누르지 말아라.

23. 여호와께서 그들의 대변자가 되셔서 그들을 해치는 자를 벌하실 것이다.

24. 성질이 과격한 사람과 성 잘 내는 사람을 사귀지 말아라.

25. 그렇지 않으면 너도 그들을 닮아 네 영혼이 덫에 걸리고 말 것이다.

26. 너는 남의 빚 보증을 서지 말아라.

27. 만일 네가 그 빚을 대신 갚아 줄 수 없을 경우에는 네 잠자리까지 빼앗기게 될 것이다.

28. 너는 네 조상이 세운 옛 경계석을 옮기지 말아라.

29. 너는 자기 일에 능숙한 사람을 보았느냐? 그는 왕 앞에서 섬기고 이름 없는 사람을 섬기지 않을 것이다.

23 장

1. 네가 관리와 함께 식사하게 될 때 네 앞에 앉은 자가 누구인지 주시하라.

2. 아무리 입맛이 당겨도 절제하여라.

3. 그가 베푼 것이 진수 성찬이라도 탐하지 말아라. 그것은 너를 속이는 미끼가 될 수도 있다.

4. 부자가 되려고 너무 애쓰지 말고 자제하는 지혜를 가져라.

5. 재물은 사라지는 법, 독수리처럼 날개가 돋쳐 날아가 버릴 것이다.

6. 인색한 사람의 음식을 얻어먹지 말며 그가 베푼 것이 진수 성찬이라도 탐하지 말아라.

7. 그는 언제나 비용부터 먼저 생각하는 자이다. 그가 말로는 너에게 와서 먹으라고 하지만 실제로 그의 마음은 그렇지 않다.

8. 너는 조금 먹은 것도 토하게 될 것이며 너의 고맙다는 찬사도 헛된 데로 돌아갈 것이다.

9. 미련한 자에게 말하지 말아라. 그는 너의 지혜로운 말을 업신여길 것이다.

10. 옛 경계석을 옮기지 말며 고아들의 밭을 침범하지 말아라.

11. 그들의 구원자가 되시는 여호와는 강하시니 그가 너를 대적하여 그들의 억울함을 풀어 주실 것이다.

12. 가르침에 유의하며 지식의 말씀에 귀를 기울여라.

13. 자식을 훈계하는 데 주저하지 말아라. 채찍으로 때려도 죽지 않는다.

14. 오히려 그를 채찍으로 벌하면 그의 영혼을 죽음에서 구하게 된다.

15. 내 아들아, 네가 지혜로우면 내 마음이 기쁠 것이며

16. 네가 옳은 말을 하면 내가 정말 즐거워할 것이다.

17. 너는 죄인을 부러워하지 말고 두려운 마음으로 여호와를 섬기는 일에 항상 열심을 다하여라.

18. 분명히 너에게 밝은 미래가 있을 것이며 너의 희망이 끊어지지 않을 것이다.

19. 내 아들아, 너는 듣고 지혜를 얻어 네 마음을 바른 길로 인도하여라.

20. 술을 많이 마시는 자와 고기를 탐하는 자를 사귀지 말아라.

21. 술주정꾼과 대식가는 가난하게 되고 잠자기를 좋아하면 누더기를 걸치게 된다.

22. 너를 낳아 준 아버지에게 순종하고 늙은 너의 어머니를 업신여기지 말아라.

23. 진리를 사서 팔지 말아라. 지혜와 훈계와 총명도 마찬가지이다.

24. 의로운 자식을 둔 부모는 크게 즐거울 것이며 지혜로운 자식을

둔 부모도 즐거울 것이다.

25. 그러므로 너의 부모를 기쁘게 하고 즐겁게 하여라.

26. 내 아들아, 네 마음을 나에게 주고 내 길을 지켜보아라.

27. 창녀는 깊은 구렁이며 음란한 여자는 좁은 함정이다.

28. 이런 여자들은 강도처럼 숨어 기다리다가 많은 남자들을 성실치 못한 사람으로 만들어 버린다.

29. 화를 입는 사람이 누구이며 슬픔을 당하는 사람이 누구인가? 다 투는 자가 누구이며 불평하는 자가 누구인가? 이유 없이 상처를 입는 사람이 누구이며 눈이 충혈된 사람이 누구인가?

30. 바로 이들은 술집에 틀어박혀서 계속 술타령만 하는 자들이다.

31. 포도주가 아무리 붉고 잔에서 번쩍이며 잘 넘어갈 것처럼 보여 도 너는 그것을 쳐다보지 말아라.

32. 결국 그 술이 뱀같이 너를 물것이며 독사처럼 너를 쏠 것이다.

33. 네 눈에는 이상한 것이 보이고 정신이 혼미하여 괴상한 소리를 지껄일 것이니

34. 너는 돛단배에 몸을 싣고 바다 한가운데서 이리저리 밀려다니는 사람 같을 것이다.

35. 그리고 너는 "나를 때려도 아프지 않고 나를 쳐도 감각이 없다. 내가 깨면 다시 술을 찾겠다"하고 말할 것이다.

24 장

1. 너는 악인들을 부러워하지 말고 그들과 함께 있는 것을 원하지도 말아라.
2. 악인들은 남을 해칠 일만 생각하고 말썽을 일으킬 말만 한다.
3. 집은 지혜를 기초로 지어지고 총명으로 견고하게 되며
4. 그 방들은 지식을 통해서 여러 가지 진귀하고 아름다운 보물이 채워진다.
5. 지혜 있는 자가 힘 센 자보다 강하고 지식 있는 자가 무력을 쓰는 자보다 강하다.
6. 너는 전쟁하기에 앞서 전략을 잘 세워라. 승리는 전술적인 조언을 많이 받는 데 있다.
7. 지혜는 미련한 자들이 도달하기에는 너무 높은 수준에 있으므로 중요한 문제가 토론될 때 그들은 아무것도 할 말이 없다.
8. 악한 일을 계획하는 사람을 흔히 음모가라고 부른다.
9. 미련한 자의 책략은 죄이며 거만한 자는 사람들의 미움을 받는다.
10. 네가 어려움을 당할 때 낙심하면 너는 정말 약한 자이다.
11. 너는 억울하게 죽게 된 사람을 구하며 살인자의 손에 끌려가는 사람을 구출하는 데 주저하지 말아라.
12. 너는 알지 못했다는 이유로 네 책임을 회피하지 말아라. 네 마음을 살피시며 너를 지켜 보고 계시는 분이 어찌 그것을 모르겠느냐? 그는 사람이 행한 대로 갚아 주실 것이다.
13. 내 아들아, 꿀을 먹어라. 이것이 좋다. 특별히 송이꿀은 더 달다.

14. 이와 같이 지혜도 달콤한 것이다. 그러므로 지혜를 얻어라. 분명히 너에게 밝은 미래가 있을 것이며 너의 희망이 끊어지지 않을 것이다.

15. 악한 자여, 의로운 사람의 거처를 엿보지 말며 그 집을 약탈하지 말아라.

16. 의로운 사람은 일곱 번 넘어져도 다시 일어나지만 악인은 단 한 번의 재앙으로도 쓰러지고 만다.

17. 네 원수가 망하는 것을 보고 기뻐하거나 즐거워하지 말아라.

18. 여호와께서 그것을 보시고 기뻐하지 않으시며 분노를 그에게서 돌이키실지도 모른다.

19. 너는 악한 사람들 때문에 안달하거나 그들을 부러워하지 말아라.

20. 악인들에게는 밝은 미래가 없을 것이며 희망의 등불도 꺼질 것이다.

21. 내 아들아, 여호와와 왕을 두려워하고 반역자들과 사귀지 말아라.

22. 그들은 순식간에 패망할 것이다. 그들에게 내릴 재앙을 누가 알겠는가?

23. 이것도 지혜로운 사람의 말이다 : 재판할 때 사람 봐 가면서 하는 것은 좋지 못하다.

24. 죄 지은 사람에게 무죄를 선언하는 자는 온 세상 사람들에게 저주를 받고 미움을 살 것이지만

25. 그를 과감하게 책망하는 사람은 기쁨을 얻고 풍성한 복을 받을 것이다.

26. 정직한 대답은 입을 맞추는 것과 같다.

27. 너는 네 집을 짓기에 앞서 먼저 생활 기반부터 마련하여라.

28. 너는 이유 없이 네 이웃의 거짓 증인이 되어 허위 사실을 진술하지 말아라.
29. 그가 너에게 행한 대로 네가 앙갚음을 하겠다고 생각하지 말아라.
30. 내가 한때 게으른 자의 밭과 지혜 없는 사람의 포도원을 지나가다가
31. 온통 가시덤불이 덮여 있고 잡초가 무성하며 돌담이 무너져 있는 것을 보고
32. 깊이 생각하는 중에 이런 교훈을 얻었다.
33. "좀더 자자. 좀더 졸자. 손을 모으고 좀더 쉬자" 하는 자에게는
34. 가난이 강도처럼 갑자기 밀어닥치고 빈곤이 군사처럼 몰려올 것이다.

25 장

1. 이것은 유다 왕 히스기야의 신하들이 편집한 솔로몬의 금언이다 :
2. 일을 숨기는 것은 하나님의 영광이며 일을 밝혀내는 것은 왕들의 영광이다.
3. 하늘이 높고 땅이 깊은 것같이 왕들의 마음도 헤아릴 수가 없다.
4. 은의 불순물을 제거하라. 그러면 금속 세공업자의 손을 거쳐 쓸 만한 그릇이 나올 것이다.
5. 왕 앞에서 악한 자를 제거하라. 그러면 그 왕위가 의로 굳게 설 것이다.

6. 왕 앞에서 잘난 체하며 높은 자리에 서지 말아라.

7. 높은 자리로 올라오라고 요청받는 것이 대중 앞에서 말석으로 내려가라고 모욕을 당하는 것보다 낫다.

8. 너는 어떤 일로 너무 성급하게 법정으로 달려가지 말아라. 만일 상대방이 너를 부끄럽게 하면 그때는 어떻게 하겠느냐?

9. 너는 네 이웃과 다툴 만한 문제가 있거든 두 사람 사이에 조용히 해결하고 남의 비밀을 누설하지 말아라.

10. 그렇지 않으면 그 말을 듣는 사람이 너를 부끄럽게 할 것이니 네 평판이 좋지 않을 것이다.

11. 경우에 적합한 말은 은쟁반에 올려 놓은 금사과와 같다.

12. 지혜로운 사람의 책망은 그것을 듣는 자에게 금귀고리나 순금 장식과 같다.

13. 충성스러운 사절은 그를 보낸 사람에게 무더운 한여름의 시원한 냉수 같아서 자기 상관의 마음을 시원하게 한다.

14. 선물을 주겠다고 입으로만 떠벌리는 자는 비 없는 구름과 바람 같은 사람이다.

15. 인내력 있는 설득은 완강한 통치자의 마음도 돌이켜 놓을 수 있으며 부드러운 혀는 뼈도 꺾을 수 있다.

16. 꿀을 구하면 적당히 먹어라. 너무 많이 먹으면 토하게 된다.

17. 너는 이웃집에 자주 다니지 말아라. 그렇지 않으면 네 이웃이 너에게 싫증을 느껴 너를 미워할 것이다.

18. 자기 이웃에 대하여 거짓 증언하는 사람은 방망이와 칼과 뾰족한 화살로 그 이웃을 해치는 사람과 같다.

19. 위기에 처한 때에 신실치 못한 자를 신뢰하는 것은 흔들거리는

이로 음식을 씹거나 위골된 발로 걷는 것과 같다.

20. 마음이 상한 자에게 노래를 부르는 것은 추운 날에 그의 옷을 벗기거나 3그의 상처에 소금을 치는 것과 같다.

21. 네 원수가 굶주리거든 먹을 것을 주고 목말라 하거든 마실 것을 주어라.

22. 그러면 네 원수는 머리에 숯불을 놓은 것같이 부끄러워 견딜 수 없을 것이며 너는 여호와께 상을 받을 것이다.

23. 북풍이 비를 일으키는 것같이 험담하는 혀는 분노를 일으킨다.

24. 다투기 좋아하는 여자와 한집에 사는 것보다 차라리 옥상 한 구석에서 혼자 사는 것이 더 낫다.

25. 멀리서 온 좋은 소식은 목마른 사람에게 냉수와 같다.

26. 의로운 사람이 악인에게 굴복하는 것은 우물을 흐리게 하고 샘을 더럽히는 것과 같다.

27. 꿀을 너무 많이 먹어도 이롭지 못한 것처럼 자신의 명예만을 추구하는 것도 이롭지 못하다.

28. 자제할 능력이 없는 사람은 성벽이 무너진 무방비 상태의 성과 같다.

26 장

1. 미련한 자에게는 영예가 여름에 오는 눈이나 추수 때에 내리는 비처럼 적합하지 않다.

2. 이유 없는 저주는 날아다니는 참새나 제비처럼 상대방에게 돌아가지 않는다.

3. 말은 채찍으로, 당나귀는 재갈로, 미련한 자는 막대기로 다스려라.

4. 어리석은 질문에 대답하지 말아라. 그렇지 않으면 너도 그것을 묻는 사람과 같이 어리석은 자가 되고 말 것이다.

5. 어리석은 질문에는 어리석은 대답을 하라. 그렇지 않으면 그가 자기를 지혜롭게 여길 것이다.

6. 미련한 자 편에 소식을 전하는 것은 자기 발을 자르거나 스스로 독을 마시는 것과 같다.

7. 미련한 자의 입에서 나오는 격언은 절름발이에게 덜렁덜렁 달려 있는 다리처럼 아무 쓸모가 없다.

8. 미련한 자에게 영예를 주는 것은 돌을 물매에 매는 것과 같다.

9. 미련한 자의 입에서 나오는 격언은 술 취한 사람의 손에 든 가시나무와 같다.

10. 미련한 자나 지나가는 사람을 고용하는 자는 닥치는 대로 활을 쏴서 사람들에게 상처를 주는 궁술가와도 같다.

11. 개가 토한 것을 다시 먹는 것처럼 미련한 자는 미련한 짓을 되풀이한다.

12. 스스로 지혜롭다고 생각하는 사람보다는 오히려 미련한 자에게 희망이 더 있다.

13. 게으른 사람은 "길거리에 사자가 있다" 하면서 일하러 가지 않는다.

14. 문짝이 돌쩌귀에서만 돌듯이 게으른 자는 침실에서만 뒹군다.

15. 게으른 자는 손을 그릇에 넣고도 입에 갖다 넣기를 싫어한다.

16. 게으른 자는 분별력 있게 대답하는 사람 일곱보다 자기를 더 지

혜롭게 여긴다.

17. 길을 지나가다가 자기와 상관없는 싸움에 끼어드는 것은 개 귀를 잡아당기는 것처럼 어리석은 짓이다.

18. 자기 이웃을 속이고 그저 농담을 했을 뿐이라고 말하는 자는

19. 횃불을 던지고 활을 쏴서 사람을 죽이는 미친 사람과 같다.

20. 나무가 다하면 불이 꺼지고 수다쟁이가 없으면 싸움이 그친다.

21. 숯이 깜부기불을 일게 하고 나무가 타는 불을 계속 타오르게 하듯이 다투기를 좋아하는 사람은 싸움을 부채질한다.

22. 나쁜 소문을 퍼뜨리고 다니는 사람의 말은 맛있는 음식과 같아서 사람들은 그것을 삼키기 좋아한다.

23. 친절한 말에 악한 마음은 유약을 입힌 토기와 같다.

24. 위선자는 아첨하는 말로 자신의 감정을 숨긴다.

25. 그의 말이 아무리 좋게 들려도 그것을 믿을 수 없는 것은 그 마음에 추악한 생각이 가득하기 때문이다.

26. 그가 아무리 자신의 감정을 숨겨도 그의 악한 행위는 대중에게 드러날 것이다.

27. 남을 해치려고 함정을 파는 사람은 자기가 그 함정에 빠질 것이며 남에게 돌을 굴려 내리는 사람은 자기가 그 돌에 치이게 될 것이다.

28. 거짓말하는 자는 자기가 해치려는 사람을 미워하고 아첨하는 입은 패망을 가져온다.

27 장

1. 너는 내일 일을 자랑하지 말아라. 하루 동안에 무슨 일이 일어날지 모른다.
2. 너는 다른 사람이 너를 칭찬하게 할망정 네 입으로는 너를 칭찬하지 말아라.
3. 돌도 무겁고 모래도 무겁지만 미련한 자가 화내는 것은 그보다 더 무겁다.
4. 분노가 잔인하고 파괴적이긴 하지만 질투에 비하면 아무것도 아니다.
5. 맞대 놓고 책망하는 것이 숨은 사랑보다 낫다.
6. 친구는 상처를 주어도 신실한 우정의 표현이지만 원수는 입을 맞춰도 조심해야 한다.
7. 배부른 사람은 꿀도 싫어하지만 배고픈 사람에게는 쓴 것도 달다.
8. 고향을 떠나 방황하는 사람은 보금자리를 떠나 떠도는 새와 같다.
9. 기름과 향이 사람의 마음을 기쁘게 하는 것처럼 친구의 진실한 충고도 아름다운 것이다.
10. 네 친구나 네 아버지의 친구를 저버리지 말며 네가 어려움을 당할 때 네 형제의 집을 찾아가지 말아라. 가까운 이웃은 먼 형제보다 낫다.
11. 내 아들아, 지혜로운 사람이 되어 내 마음을 기쁘게 하여라. 그러면 나를 비난하는 자에게 내가 대답할 말이 있을 것이다.
12. 슬기로운 사람은 위험을 보면 피하지만 어리석은 사람은 그대로 나아가다가 어려움을 당한다.

13. 낯선 사람의 보증을 서는 자에게는 그의 옷을 담보로 잡고 외국인의 보증을 서는 자에게는 그의 몸을 담보로 잡아라.

14. 이른 아침부터 자기 이웃을 큰 소리로 축복하면 오히려 그것을 저주로 여길 것이다.

15. 다투기 좋아하는 여자는 비 오는 날에 계속 떨어지는 빗방울 같다.

16. 이런 여자를 다스리는 것은 바람을 다스리는 것과 같고 손으로 기름을 움켜잡는 것과 같다.

17. 철이 철을 날카롭게 하는 것처럼 사람은 사람이 날카롭게 한다.

18. 무화과나무를 보살피는 사람은 그 과실을 먹고 자기 주인을 잘 보살피는 사람은 영화를 누린다.

19. 물이 사람의 얼굴을 비춰 주는 것처럼 사람의 마음이 사람을 비춰 준다.

20. 죽음과 멸망이 만족함을 모르듯이 사람의 눈도 만족할 줄 모른다.

21. 은과 금은 불로 연단되고 사람은 남이 하는 말로 평가된다.

22. 미련한 자를 절구에 넣고 곡식과 함께 공이로 아무리 찧어 봐도 그의 미련한 것은 벗겨지지 않는다.

23. 너는 네 양떼의 형편을 철저하게 파악하고 항상 네 소떼에 마음을 두어라.

24. 재물은 영원히 있는 것이 아니며 면류관도 대대로 지속되는 것은 아니다.

25. 풀을 베고 나서 새 움이 돋고 다시 산에서 꼴을 베게 될 때

26. 어린 양의 털은 옷이 되고 염소는 밭을 살 만한 값이 되며

27. 또 염소의 젖은 풍족하여 온 가족과 하녀들이 다 먹고도 남을 음식이 될 것이다.

28 장

1. 악인은 쫓는 자가 없어도 도망치지만 의로운 사람은 사자처럼 담대하다.
2. 나라 안에 죄가 있으면 정권이 자주 교체되어도 총명하고 지식 있는 지도자가 있으면 나라가 오랫동안 안정을 유지한다.
3. 가난한 사람을 학대하는 관리는 농작물을 휩쓰는 폭우와 같다.
4. 율법을 저버리는 것은 악인을 칭찬하는 것과 같고 율법을 지키는 것은 악인을 대적하는 것과 같다.
5. 악인은 정의를 깨닫지 못하지만 여호와를 찾는 사람은 모든 것을 깨닫는다.
6. 가난하지만 정직하게 사는 자가 거짓된 부자보다 낫다.
7. 율법을 지키는 자는 지혜로운 아들이지만 건달과 사귀는 자는 자기 아버지에게 수치가 된다.
8. 비싼 이자를 받아 자기 재산을 늘리는 사람은 결국 가난한 자를 불쌍히 여기는 사람을 위해 재물을 쌓는 것이다.
9. 사람이 율법을 외면하고 듣지 않으면 하나님은 그 사람의 기도에 귀를 기울이지 않으신다.
10. 정직한 자를 악한 길로 인도하는 사람은 스스로 자기 함정에 빠져도 정직한 그 사람은 복을 받을 것이다.
11. 부자는 자기를 지혜롭게 생각하지만 가난해도 분별력을 가진 사람은 자신을 철저하게 살핀다.
12. 의로운 자가 승리하면 모든 사람이 기뻐하지만 악인이 권력을

잡으면 백성들은 숨어 살기 마련이다.

13. 자기 죄를 숨기는 사람은 번영하지 못할 것이나 자기 죄를 고백하고 버리는 사람은 불쌍히 여김을 받을 것이다.

14. 항상 여호와를 두려운 마음으로 섬기는 사람은 복을 받을 것이나 고집스러운 사람은 어려움에 빠질 것이다.

15. 가난한 백성에게는 악한 관리가 부르짖는 사자나 굶주린 곰처럼 위험한 존재이다.

16. 어리석은 통치자는 자기 백성을 탄압하여도 청렴한 통치자는 정치 생명이 길 것이다.

17. 살인범은 사람을 죽였다는 죄책감 때문에 죽을 때까지 도망자의 신세가 될 것이다. 그런 자를 돌보지 말아라.

18. 진실하게 사는 사람은 구원을 받을 것이나 거짓되게 사는 사람은 갑자기 패망할 것이다.

19. 열심히 일하는 농부는 먹을 것이 많아도 헛되게 시간을 보내는 사람은 가난하게 된다.

20. 성실한 사람은 풍성한 복을 받아도 부자가 되려고 서두르는 사람은 형벌을 면치 못할 것이다.

21. 불공평한 처사가 좋은 것이 아닌데도 사람은 빵 한 조각에 잘못을 저지르고 만다.

22. 이기적인 사람은 재산을 모으는 데 급급하지만 가난이 자기에게 밀어닥칠 것을 모르고 있다.

23. 잘못을 지적해 주는 사람이 결국 아첨하는 자보다 더 많은 사랑을 받는다.

24. 부모의 것을 도둑질하고서도 잘못이 아니라고 말하는 사람은 강

도와 다를 것이 없다.

25. 욕심이 많은 사람은 다툼을 일으켜도 여호와를 신뢰하는 사람은 부유하게 된다.

26. 자기 자신을 믿는 사람은 미련한 자이지만 지혜롭게 처신하는 사람은 안전할 것이다.

27. 가난한 자를 보살피는 사람은 부족한 것이 없어도 가난한 자를 못 본 체하는 사람은 많은 저주를 받을 것이다.

28. 악한 자가 권력을 잡으면 백성들이 숨어 살지만 그가 망하면 의로운 자들이 번성한다.

29 장

1. 자주 책망을 받으면서도 여전히 고집을 피우는 사람은 예기치 않은 패망을 당하고 구제가 불가능한 사람이 되고 말 것이다.

2. 의로운 사람이 권력을 잡으면 백성들이 즐거워하지만 악한 자가 권력을 잡으면 백성들이 탄식한다.

3. 지혜를 사랑하는 사람은 자기 아버지를 기쁘게 하여도 창녀와 사귀는 사람은 재산을 허비하게 된다.

4. 공정하고 의로운 왕은 나라를 안정되게 하지만 뇌물을 강요하는 왕은 나라를 망하게 한다.

5. 이웃 사람에게 아첨하는 자는 자기 발 앞에 그물을 치는 사람이다.

6. 악인은 자기 죄로 덫에 걸리지만 의로운 사람은 노래하고 즐거워

한다.

7. 의로운 사람은 가난한 사람의 사정을 생각하여도 악한 사람은 그런 것을 이해하지 못한다.

8. 거만하고 냉소적인 사람은 도시를 소란케 하지만 슬기로운 사람은 분노를 그치게 한다.

9. 지혜로운 자와 미련한 자가 다투게 되면 미련한 자가 노하든 웃든 그 다툼은 쉽게 그치지 않는다.

10. 피에 굶주린 자는 정직한 사람을 미워하지만 의로운 자는 정직한 사람의 생명을 보호한다.

11. 어리석은 사람은 쌓인 분노를 다 터뜨려도 지혜로운 사람은 그 분노를 억제한다.

12. 통치자가 거짓말에 귀가 솔깃하면 그 밑에서 일하는 사람들도 악하기 마련이다.

13. 가난한 사람이나 부자가 다 함께 섞여 살기 마련이지만 한 가지 공통점은 여호와께서 그들의 눈에 다 같이 빛을 주셨다는 점이다.

14. 왕이 가난한 사람의 권리를 옹호해 주면 그의 왕위가 오랫동안 지속될 것이다.

15. 꾸짖고 때려서라도 교육을 시키면 지혜를 얻게 되지만 제멋대로 하도록 내버려 두면 자식이 어머니를 욕되게 한다.

16. 악인이 많아지면 죄가 증가하겠지만 의로운 사람은 그들이 망하는 것을 볼 것이다.

17. 네 자식을 징계하라. 그러면 그가 네 마음에 기쁨과 평안을 줄 것이다.

18. 하나님의 계시가 없으면 백성이 무질서하겠지만 율법을 지키는

사람은 복이 있다.

19. 말만 해서는 종을 바로잡을 수 없다. 이것은 그가 다 알면서도 말을 듣지 않기 때문이다.

20. 아무 생각 없이 성급하게 말하는 사람보다는 오히려 미련한 자에게 더 희망이 있다.

21. 종을 어려서부터 제멋대로 하도록 내버려 두면 그가 나중에는 자식인 체할 것이다.

22. 노하는 사람은 다툼을 일으키고 성미가 급한 사람은 죄 짓는 일이 많다.

23. 사람이 교만하면 낮아지고 겸손하면 존경을 받는다.

24. 도둑과 공모하는 사람은 영혼을 증오하는 자이다. 그는 사실대로 진술하라는 소리를 들어도 법정에서 아무것도 말하지 않는다.

25. 사람을 두려워하면 덫에 걸리지만 여호와를 신뢰하면 안전할 것이다.

26. 통치자의 환심을 사려고 하는 자들이 많으나 사람에 대한 정당한 판단은 여호와께서 하신다.

27. 의로운 사람은 정직하지 못한 자를 미워하고 악한 사람은 정직한 자를 미워한다.

솔로몬의 시편

1. 하나님이여 주의 판단력을 왕에게 주시고 주의 공의를 왕의 아들에게 주소서
2. 그가 주의 백성을 공의로 재판하며 주의 가난한 자를 정의로 재판하리니
3. 의로 말미암아 산들이 백성에게 평강을 주며 작은 산들도 그리하리로다
4. 그가 가난한 백성의 억울함을 풀어 주며 궁핍한 자의 자손을 구원하며 압박하는 자를 꺾으리로다
5. 그들이 해가 있을 동안에도 주를 두려워하며 달이 있을 동안에도 대대로 그리하리로다
6. 그는 벤 풀 위에 내리는 비 같이, 땅을 적시는 소낙비 같이 내리리니
7. 그의 날에 의인이 흥왕하여 평강의 풍성함이 달이 다할 때까지 이르리로다
8. 그가 바다에서부터 바다까지와 강에서부터 땅 끝까지 다스리리니
9. 광야에 사는 자는 그 앞에 굽히며 그의 원수들은 티끌을 핥을 것이며
10. 다시스와 섬의 왕들이 조공을 바치며 스바와 시바 왕들이 예물

을 드리리로다

11. 모든 왕이 그의 앞에 부복하며 모든 민족이 다 그를 섬기리로다

12. 그는 궁핍한 자가 부르짖을 때에 건지며 도움이 없는 가난한 자
도 건지며

13. 그는 가난한 자와 궁핍한 자를 불쌍히 여기며 궁핍한 자의 생명
을 구원하며

14. 그들의 생명을 압박과 강포에서 구원하리니 그들의 피가 그의
눈앞에서 존귀히 여김을 받으리로다

15. 그들이 생존하여 스바의 금을 그에게 드리며 사람들이 그를 위
하여 항상 기도하고 종일 찬송하리로다

16. 산 꼭대기의 땅에도 곡식이 풍성하고 그것의 열매가 레바논 같
이 흔들리며 성에 있는 자가 땅의 풀 같이 왕성하리로다

17. 그의 이름이 영구함이여 그의 이름이 해와 같이 장구하리로다
사람들이 그로 말미암아 복을 받으리니 모든 민족이 다 그를 복
되다 하리로다

18. 홀로 기이한 일들을 행하시는 여호와 하나님 곧 이스라엘의 하
나님을 찬송하며

19. 그 영화로운 이름을 영원히 찬송할지어다 온 땅에 그의 영광이
충만할지어다 아멘 아멘

20. 이새의 아들 다윗의 기도가 끝나니라

127 편

1. 여호와께서 집을 세우지 아니하시면 세우는 자의 수고가 헛되며 여호와께서 성을 지키지 아니하시면 파수꾼의 깨어 있음이 헛되도다
2. 너희가 일찍이 일어나고 늦게 누우며 수고의 떡을 먹음이 헛되도다 그러므로 여호와께서 그의 사랑하시는 자에게는 잠을 주시는도다
3. 보라 자식들은 여호와의 기업이요 태의 열매는 그의 상급이로다
4. 젊은 자의 자식은 장사의 수중의 화살 같으니
5. 이것이 그의 화살통에 가득한 자는 복되도다 그들이 성문에서 그들의 원수와 담판할 때에 수치를 당하지 아니하리로다

솔로몬의 아가서

1 장

1. 솔로몬의아가라
2. 내게 입맞추기를 원하니 네사랑이 포도주보다 나음이로구나
3. 네 기름이 향기로워 아름답고 네이름이 쏟은 향기름 같으므로 처녀들이 너를 사랑하는구나
4. 왕이 나를 그의 방으로 이끌어 들이시니 너는 나를 인도하라 우리가 너를 따라 달려가리라 우리가 너로 말미암아 기뻐하며 즐거워하니 네사랑이 포도주보다 더 진함이라 처녀들이 너를 사랑함이 마땅하니라
5. 예루살렘 딸들아 내가 비록 검으나 아름다우니 게달의 장막 같을지라도솔로몬의 휘장과도 같구나
6. 내가 햇볕에 쬐어서 거무스름할지라도 흘겨보지 말 것은 내어머니의 아들들이 나에게 노하여 포도원지기로 삼았음이라 나의 포도원을 내가 지키지 못하였구나
7. 내마음으로 사랑하는 자야 네가 양 치는 곳과 정오에 쉬게 하는 곳을 내게 말하라 내가 네 친구의 양 떼 곁에서 어찌 얼굴을 가린 자 같이 되랴
8. 여인 중에 어여쁜 자야 네가 알지 못하겠거든 양 떼의 발자취를

따라 목자들의 장막곁에서 너의 염소새끼를 먹일지니라

9. 내 사랑아 내가 너를 바로의 병거의 준마에 비하였구나

10. 네 두 뺨은 땋은 머리털로, 네 목은 구슬 꿰미로 아름답구나

11. 우리가 너를 위하여 금 사슬에 은을 박아 만들리라

12. 왕이 침상에 앉았을 때에 나의 나도 기름이 향기를 뿜어냈구나

13. 나의 사랑하는 자는 내 품 가운데 몰약향 주머니요

14. 나의 사랑하는 자는 내게 엔게디 포도원의 고벨화송이로구나

15. 내사랑아 너는 어여쁘고 어여쁘다 네 눈이 비둘기같구나

16. 나의 사랑하는 자야 너는 어여쁘고 화창하다 우리의 침상은 푸르고

17. 우리 집은 백향목들보, 잣나무서까래로구나

2 장

1. 나는 사론의 수선화요 골짜기의 백합화로다

2. 여자들 중에 내 사랑은 가시나무 가운데 백합화 같도다

3. 남자들 중에 나의 사랑하는 자는 수풀 가운데 사과나무 같구나 내가 그 그늘에 앉아서 심히 기뻐하였고 그 열매는 내 입에 달았도다

4. 그가 나를 인도하여 잔칫집에 들어갔으니 그 사랑은 내 위에 깃발이로구나

5. 너희는 건포도로 내 힘을 돕고 사과로 나를 시원하게 하라 내가 사랑하므로 병이 생겼음이라

6. 그가 왼팔로 내머리를 고이고 오른팔로 나를 안는구나

7. 예루살렘딸들아 내가 노루와 들사슴을 두고 너희에게 부탁한다
   내사랑이 원하기 전에는 흔들지 말고 깨우지 말지니라

8. 내사랑하는 자의 목소리로구나 보라 그가 산에서 달리고 작은 산
   을 빨리 넘어오는구나

9. 내사랑하는 자는 노루와도 같고 어린 사슴과도 같아서 우리 벽 뒤
   에 서서 창으로 들여다보며 창살 틈으로 엿보는구나

10. 나의사랑하는 자가 내게 말하여 이르기를 나의사랑, 내 어여쁜
    자야 일어나서 함께 가자

11. 겨울도 지나고 비도 그쳤고

12. 지면에는 꽃이 피고 새가 노래할 때가 이르렀는데 비둘기의 소
    리가 우리 땅에 들리는구나

13. 무화과나무에는 푸른열매가 익었고 포도나무는 꽃을 피워향기
    를 토하는구나 나의사랑, 나의 어여쁜 자야 일어나서 함께 가자

14. 바위 틈 낭떠러지 은밀한 곳에 있는 나의비둘기야 내가 네얼굴
    을 보게 하라 네 소리를 듣게 하라 네 소리는 부드럽고 네얼굴은
    아름답구나

15. 우리를 위하여 여우 곧 포도원을 허는 작은여우를 잡으라 우리
    의 포도원에 꽃이 피었음이라

16. 내사랑하는 자는 내게 속하였고 나는 그에게 속하였도다 그가
    백합화 가운데에서 양 떼를 먹이는구나

17. 내사랑하는 자야 날이 저물고 그림자가 사라지기 전에 돌아와서
    베데르 산의 노루와 어린 사슴 같을지라

1. 내가 밤에 침상에서 마음으로 사랑하는 자를 찾았노라 찾아도 찾아내지 못하였노라
2. 이에 내가 일어나서 성 안을 돌아다니며 마음에 사랑하는 자를 거리에서나 큰 길에서나 찾으리라 하고 찾으나 만나지 못하였노라
3. 성 안을 순찰하는 자들을 만나서 묻기를 내 마음으로 사랑하는 자를 너희가 보았느냐 하고
4. 그들을 지나치자마자 마음에 사랑하는 자를 만나서 그를 붙잡고 내 어머니 집으로, 나를 잉태한이의 방으로 가기까지 놓지 아니하였노라
5. 예루살렘딸들아 내가 노루와 들사슴을 두고 너희에게 부탁한다 사랑하는 자가 원하기 전에는 흔들지 말고 깨우지 말지니라
6. 몰약과 유향과 상인의 여러 가지 향품으로 향내 풍기며 연기기둥처럼 거친 들에서 오는 자가 누구인가
7. 볼지어다 솔로몬의 가마라 이스라엘용 사중 육십 명이 둘러쌌는데
8. 다 칼을 잡고 싸움에 익숙한 사람들이라 밤의 두려움으로 말미암아 각기허리에 칼을 찼느니라
9. 솔로몬왕이 레바논나무로 자기의 가마를 만들었는데
10. 그 기둥은 은이요 바닥은 금이요 자리는 자색깔개라 그 안에는 예루살렘딸들의 사랑이 엮어져 있구나
11. 시온의 딸들아 나와서 솔로몬왕을 보라 혼인날 마음이 기쁠 때에 그의 어머니가 씌운 왕관이 그 머리에 있구나

4 장

1. 내 사랑 너는 어여쁘고도 어여쁘다 너울속에 있는 네 눈이 비둘기 같고 네 머리털은 길르앗산 기슭에 누운 염소떼 같구나
2. 네 이는 목욕장에서 나오는 털 깎인 암양 곧 새끼 없는 것은 하나도 없이 각각 쌍태를 낳은 양 같구나
3. 네 입술은 홍색 실 같고 네 입은 어여쁘고 너울속의 네 뺨은 석류한 쪽 같구나
4. 네 목은 무기를 두려고 건축한 다윗의 망대 곧 방패 천 개, 용사의 모든 방패가 달린 망대 같고
5. 네 두 유방은 백합화 가운데서 꼴을 먹는 쌍태 어린 사슴 같구나
6. 날이 저물고 그림자가 사라지기 전에 내가 몰약산과 유향의 작은 산으로 가리라
7. 나의 사랑 너는 어여쁘고 아무 흠이 없구나
8. 내 신부야 너는 레바논에서부터 나와 함께 하고 레바논에서부터 나와 함께 가자 아마나와 스닐과 헤르몬 꼭대기에서 사자굴과 표범산에서 내려 오너라
9. 내 누이, 내 신부야 네가 내 마음을 빼앗았구나 네 눈으로 한 번 보는 것과 네 목의 구슬 한 꿰미로 내 마음을 빼앗았구나
10. 내 누이, 내 신부야 네 사랑이 어찌 그리 아름다운지 네 사랑은 포도주보다 진하고 네 기름의 향기는 각양 향품보다 향기롭구나
11. 내 신부야 네 입술에서는 꿀방울이 떨어지고 네 혀 밑에는 꿀과 젖이 있고 네 의복의 향기는 레바논의 향기같구나

12. 내 누이, 내 신부는 잠근 동산이요 덮은 우물이요 봉한 샘이로구나

13. 네게서 나는 것은 석류나무와 각종 아름다운 과수와 고벨화와 나도풀과

14. 나도와 번홍화와 창포와 계수와 각종 유향목과 몰약과 침향과 모든 귀한 향품이요

15. 너는 동산의 샘이요 생수의 우물이요 레바논에서부터 흐르는 시내로구나

16. 북풍아 일어나라 남풍아 오라 나의동산에 불어서 향기를 날리라 나의 사랑하는 자가 그 동산에 들어가서 그 아름다운 열매먹기를 원하노라

5 장

1. 내 누이, 내신부야 내가 내동산에 들어와서 나의 몰약과 향 재료를 거두고 나의 꿀송이와 꿀을 먹고 내포도주와 내 우유를 마셨으니 나의 친구들아 먹으라 나의 사랑하는 사람들아 많이 마시라

2. 내가 잘지라도 마음은 깨었는데 나의 사랑하는 자의 소리가 들리는구나 문을 두드려 이르기를 나의 누이, 나의사랑, 나의비둘기, 나의 완전한 자야 문을 열어 다오 내 머리에는 이슬이, 내 머리털에는 밤이슬이 가득하였다 하는구나

3. 내가 옷을 벗었으니 어찌 다시 입겠으며 내가 발을 씻었으니 어찌 다시 더럽히랴마는

4. 내사랑하는 자가 문틈으로 손을 들이밀매 내 마음이 움직여서

5. 일어나 내사랑하는 자를 위하여 문을 열 때 몰약이 내 손에서,몰약의 즙이 내손가락에서 문빗장에 떨어지는구나

6. 내가 내사랑하는 자를 위하여 문을 열었으나 그는 벌써 물러갔네 그가 말할 때에 내 혼이 나갔구나 내가 그를 찾아도 못 만났고 불러도 응답이 없었노라

7. 성 안을 순찰하는 자들이 나를 만나매 나를 쳐서 상하게 하였고 성벽을 파수하는 자들이 나의 겉옷을 벗겨 가졌도다

8. 예루살렘딸들아 너희에게 내가 부탁한다 너희가 내사랑하는 자를 만나거든 내가 사랑하므로 병이 났다고 하려무나

9. 여자들 가운데에 어여쁜 자야 너의 사랑하는 자가 남의 사랑하는 자보다 나은 것이 무엇인가 너의 사랑하는 자가 남의 사랑하는 자보다 나은 것이 무엇이기에 이같이 우리에게 부탁하는가

10. 내사랑하는 자는 희고도 붉어 많은 사람 가운데에 뛰어나구나

11. 머리는 순금 같고 머리털은 고불고불하고 까마귀 같이 검구나

12. 눈은 시냇가의 비둘기 같은데 우유로 씻은 듯하고 아름답게도 박혔구나

13. 뺨은 향기로운 꽃밭 같고 향기로운 풀언덕과도 같고 입술은 백합화 같고 몰약의 즙이 뚝뚝 떨어지는구나

14. 손은 황옥을 물린 황금 노리개 같고 몸은 아로새긴 상아에 청옥을 입힌 듯하구나

15. 다리는 순금 받침에 세운화 반석기둥 같고 생김새는 레바논 같으며 백향목처럼 보기 좋고

16. 입은 심히 달콤하니 그 전체가 사랑스럽구나 예루살렘딸들아 이

는 내 사랑하는 자요 나의 친구로다

6장

1. 여자들 가운데에서 어여쁜 자야 네 사랑하는 자가 어디로 갔는가 네 사랑하는 자가 어디로 돌아갔는가 우리가 너와 함께 찾으리라
2. 내 사랑하는 자가 자기 동산으로 내려가 향기로운 꽃밭에 이르러서 동산 가운데에서 양 떼를 먹이며 백합화를 꺾는구나
3. 나는 내 사랑하는 자에게 속하였고 내 사랑하는 자는 내게 속하였으며 그가 백합화 가운데에서 그 양 떼를 먹이는도다
4. 내 사랑아 너는 디르사같이 어여쁘고, 예루살렘같이 곱고, 깃발을 세운 군대 같이 당당하구나
5. 네 눈이 나를 놀라게 하니 돌이켜 나를 보지 말라 네 머리털은 길르앗산 기슭에 누운 염소 떼 같고
6. 네 이는 목욕하고 나오는 암양 떼 같으니 쌍태를 가졌으며 새끼 없는 것은 하나도 없구나
7. 너울 속의 네 뺨은 석류 한 쪽 같구나
8. 왕비가 육십 명이요 후궁이 팔십 명이요 시녀가 무수하되
9. 내 비둘기, 내 완전한 자는 하나뿐이로구나 그는 그의 어머니의 외딸이요 그 낳은 자가 귀중하게 여기는 자로구나 여자들이 그를 보고 복된 자라 하고 왕비와 후궁들도 그를 칭찬하는구나
10. 아침 빛같이 뚜렷하고 달 같이 아름답고 해 같이 맑고 깃발을 세

운 군대 같이 당당한 여자가 누구인가

11. 골짜기의 푸른 초목을 보려고 포도나무가 순이 났는가 석류나무
가 꽃이 피었는가 알려고 내가호도동산으로 내려갔을 때에

12. 부지중에 내 마음이 나를 내 귀한 백성의 수레 가운데에 이르게
하였구나

13. 돌아오고 돌아오라 술람미 여자야 돌아오고 돌아오라 우리가 너
를 보게 하라 너희가 어찌하여 마하나임에서 춤추는 것을 보는
것처럼 술람미여자를 보려느냐

7장

1. 귀한자의 딸아 신을 신은 네 발이 어찌 그리 아름다운가 네 넓적
다리는 둥글어서 숙련공의 손이 만든 구슬꿰미 같구나

2. 배꼽은 섞은 포도주를 가득히 부은 둥근잔 같고 허리는 백합화로
두른 밀단 같구나

3. 두 유방은암사슴의 쌍태 새끼 같고

4. 목은 상아망대같구나 눈은 헤스본 바드랍빔문 곁에 있는 연못 같
고 코는다메섹을 향한 레바논 망대같구나

5. 머리는 갈멜산 같고 드리운 머리털은 자주빛이 있으니 왕이 그 머
리카락에 매이었구나

6. 사랑아 네가 어찌 그리 아름다운지, 어찌 그리 화창한지 즐겁게
하는구나

7. 네 키는 종려나무 같고 네 유방은 그 열매송이 같구나

8. 내가 말하기를 종려나무에 올라가서 그 가지를 잡으리라 하였나
   니 네 유방은 포도송이 같고 네 콧김은 사과 냄새같고

9. 네 입은 좋은 포도주 같을 것이니라 이포도주는 내사랑하는 자를
   위하여 미끄럽게 흘러내려서 자는 자의 입을 움직이게 하느니라

10. 나는 내사랑하는 자에게 속하였도다 그가 나를 사모하는구나

11. 내사랑하는 자야 우리가 함께 들로 가서 동네에서 유숙하자

12. 우리가 일찍이 일어나서 포도원으로 가서 포도 움이 돋았는지,
    꽃술이 퍼졌는지, 석류꽃이 피었는지 보자 거기에서 내가 내 사
    랑을 네게 주리라

13. 합환채가 향기를 뿜어내고 우리의 문 앞에는 여러 가지 귀한열
    매가 새 것, 묵은 것으로 마련되었구나 내가 내사랑하는 자 너를
    위하여 쌓아 둔 것이로다

8장

1. 네가 내 어머니의 젖을 먹은 오라비 같았더라면 내가 밖에서 너를
   만날 때에 입을 맞추어도 나를 업신여길 자가 없었을 것이라

2. 내가 너를 이끌어 내 어머니집에 들이고 네게서 교훈을 받았으리
   라 나는 향기로운 술 곧 석류즙으로 네게 마시게 하겠고

3. 너는 왼팔로는 내 머리를 고이고 오른손으로는 나를 안았으리라

4. 예루살렘딸들아 내가 너희에게 부탁한다 내사랑하는 자가 원하기

전에는 흔들지 말며 깨우지 말지니라

5. 그의 사랑하는 자를 의지하고 거친 들에서 올라오는 여자가 누구인가 너로 말미암아 네 어머니가 고생한 곳 너를 낳은 자가 애쓴 그 곳 사과나무 아래에서 내가 너를 깨웠노라

6. 너는 나를 도장같이 마음에 품고 도장같이 팔에 두라 사랑은 죽음같이 강하고 질투는 스올같이 잔인하며 불길 같이 일어나니 그 기세가 여호와의 불과 같으니라

7. 많은 물도 이 사랑을 끄지 못하겠고 홍수라도 삼키지 못하나니 사람이 그의 온 가산을 다 주고 사랑과 바꾸려 할지라도 오히려 멸시를 받으리라

8. 우리에게 있는 작은 누이는 아직도 유방이 없구나 그가 청혼을 받는 날에는 우리가 그를 위하여 무엇을 할까

9. 그가 성벽이라면 우리는 은망대를 그 위에 세울 것이요 그가 문이라면 우리는 백향목 판자로 두르리라

10. 나는 성벽이요 내 유방은 망대같으니 그러므로 나는 그가 보기에 화평을 얻은 자 같구나

11. 솔로몬이 바알하몬에 포도원이 있어 지키는 자들에게 맡겨 두고 그들로 각기 그 열매로 말미암아 은 천을 바치게 하였구나

12. 솔로몬너는 천을 얻겠고 열매를 지키는 자도 이백을 얻으려니와 내게 속한 내 포도원은 내 앞에 있구나

13. 너 동산에 거주하는 자야 친구들이 네 소리에 귀를 기울이니 내가 듣게 하려무나

14. 내 사랑하는 자야 너는 빨리 달리라 향기로운 산 위에 있는 노루와도 같고 어린 사슴과도 같아라.

참고문헌

1. 국내서적

강병도. 『호크마 종합주석16 잠언-아가』. 서울: 기독지혜사, 2008.

강병도/전봉준, 『톰슨III 성경주석』. 서울: 기독지혜사, 2021.

민영진, 『전도서/아가』. 서울: 대한기독교서회, 2009.

전봉준, 『라이프성경』. 서울: 기독지혜사, 1999.

강병도. 『카리스 종합주석-레위기 19-27장』. 서울: 기독지혜사, 2003.

김경진. 『사도행전』. 서울: 대한기독교서회, 2015.

김득중. 『누가복음 I 』. 서울: 대한기독교서회, 2015.

_____ . 『누가의 신학』. 서울: 컨콜디아사, 1991.

김명수. 『예수 메시아 운동과 희년』. 서울: 한국신학연구소, 2002.

_____ . 『초대기독교의 민중, 생명신학담론』. 서울: 한국신학연구소, 2002.

김명호, 『희년연구』. 서울: 새순출판사, 1992.

김병하. 『희년 사상의 영성화』. 서울: 대한기독교서회, 2005.

김양선. 『한국 기독교 해방 십년사』. 서울: 대한예수교장로회총회
　　　　종교교육부, 1956.

김영봉. 『바늘귀를 통과한 부자』. 서울: 한국기독학생회출판부, 2010.

김영재. 『되돌아보는 한국 기독교』. 수원: 합동신학교출판부, 2008.

김영진. 『옥스퍼드 원어 성경대전-레위기 19-27장』. 서울: 성서교
　　　　재주식회사, 1998.

김영한. 『한국 기독교와 기독지성인』. 서울: 풍만, 1987.

김의원. 『레위기 주석』. 서울: 대한기독교서회, 2013.

김의환. 『개혁주의 신앙고백』. 서울: 대한예수교장로회총회, 2004.

김이곤, 『구약 성서의 고난 신학』. 서울: 한국신학연구소, 1989.

김지찬. 『요단강에서 바벨론 물가까지』. 서울: 생명의 말씀사, 2014.

민경배. 『한국기독교회사』 서울: 대한기독교출판사, 1982.

박수암, 『마태복음』. 서울: 대한기독교서회, 2004.

박철우. 『성서주석 에스겔』. 서울: 대한기독교서회, 2015.

박희석. 『안식일과 주일』. 경기: 크리스챤다이제스트, 2002.

배희숙. 『성서주석 역대하』. 서울: 대한기독교서회, 2015.

송길섭. 『한국 신학사상사』 서울: 대한기독교출판사, 1988.

신현우 외 5인. 『희년, 한국사회, 하나님 나라』. 서울: 홍성사, 2012.

유동식. 『한국신학의 광맥』. 서울: 다산글방, 2000.

윤운현. 『성경과 기본신학』. 경기: 생명의 말씀사, 2010.

이승열. 『잊혀진 희년의 회복』. 서울: 예솔, 2014.

이형원. 『성서주석 열왕기상』. 서울: 대한기독교서회, 2015.

이후천. 『민족 해방의 윤리를 위하여』. 서울: 나단, 1989.

장진광. 『희년과 복음』. 서울: 두란노 서원, 2009.

장흥길. 『신약성경윤리』. 서울: 장로회신학대학교출판부, 2009.

정성구. 『아브라함 카이퍼의 사상과 삶』. 용인: 킹덤북스, 2011.

정성구. 『교회의 개혁자 요한 칼빈』. 서울: 하늘기획, 2009.

정양모. 『누가복음서』. 왜관: 분도출판사, 1996.

정중호. 『성서주석 이사야 Ⅱ』. 서울: 대한기독교서회, 2015.

홍성현. "한국기독교와 사회이념," 김영한 편, 『한국 기독교와 기독 지성인』. 서울: 풍만, 1987.

2. 번역서적

Allen, Leslie C. 『에스겔』. 김경열 역. 서울: 솔로몬, 2015.

Anderson, Bernhard W, 『구약성서 이해』. 강성열, 노항규 역. 경기: 크리스챤다이제스트, 2015.

Barton, Bruce B. 외 3인. 『마태복음』. 전광규/김진선 역. 서울: 한국성서유니온선교회, 2015.

Barton, Bruce B. 외 4인. 『사도행전』. 김일우/임미영 역. 서울: 한국성서유니온선교회, 2003.

Barton, Bruce B. 외 2인. 『누가복음』. 김진선 역. 서울: 한국성서유니온선교회, 2011.

Beasley-Murray, G. R. 『예수와 하나님 나라』. 박문재 역. 고양: 크리스챤 다이제스트, 2009.

Blomberg, Craig L. 『가난하게도 마옵시고 부하게도 마옵소서』. 박규태 역. 서울: 한국기독학생회출판부, 2012.

Bock, L. Darrell. 『누가복음 I』. 신지철 역. 서울: 부흥과 개혁사, 2013.

Bratt gard, Helge. 『봉사론(하나님의 청지기)』. 이경민 역. 서울: 성광문화사, 1983.

Bruce, F. F. 『사도행전』. 김장복 역. 서울: 부흥과개혁사, 2017.

Brueggemann, Walter. 『성서로 본 땅』. 강성열 역. 서울: 나눔터, 1992.

Calvin, John. Institutes of the Christian Religion, 김종흡, 신복윤, 이종성, 한철하 공역, 『기독교강요』. 서울: 생명의 말씀사, 1964

_____. 『구약성서주석 5권 레위기』. 김영진 역, 서울: 성서교재간행사, 1980.

_____. 『구약성서주석 4권 레위기』. 김영진 역, 서울: 성서교재

간행사, 1980.

_____.『기독교강요 상』. 원광연 역. 고양: 크리스챤다이제스트, 2011.

_____.『칼빈성경주석: 마태복음 5:1-12 주석』. 제1권, 존 칼빈 성경주석 출판위원회 역, 김영진 역. 서울: 성서교재간행사, 1979.

_____.『칼빈성경주석: 사도행전 5:1-11 주석』. 제5권, 존 칼빈 성경주석 출판위원회 역, 김영진 역. 서울: 성서교재간행사, 1980.

_____.『칼빈성경주석: 고린도전서 15:52 주석』. 제8권, 존 칼빈 성경주석 출판위원회 역, 김영진 역. 서울: 성서교재간행사, 1980.

Cave, Sydney.『신약성서와 윤리문제』. 현영학역. 서울: 대한기독교서회, 1976.

Charpentier, E.『신약성서의 갈잡이』. 오영민 역. 서울: 바오로딸, 1995.

Charpentier, E.『신약성서의 갈잡이』. 오영민 역. 서울: 바오로딸, 1995.

Copan, Paul.『구약 윤리학』. 이신열 역. 서울: 기독교문서선교회, 2017.

Cullmann, Oscar,『예수와 혁명가들』. 고범서 역. 서울: 범화사, 1984.

De Vries, Simon John.『열왕기상』. 김병하 역. 서울: 솔로몬, 2014.

Dillard, Raymond B.『역대하』. 정일오 역. 서울: 솔로몬, 2010.

Douma, J,『개혁주의 윤리학』. 신원하 역. 서울: 기독교문서선교회, 2012.

Dyer, Charles H.『예레미야 예레미야애가』. 장종식/김정님 역. 서울: 두란노, 2016.

Eichrodt, Walther.『구약성서신학 1』. 박문재 역. 서울: 크리스천다이제스트, 2003.

France, R. T.『마태복음』. 권해생/이강택 역. 서울: 기독교문서선교회, 2013.

Foster, Richard J. 『영적 성장을 위한 제자훈련』. 권달천 역. 서울: 보이스사, 1993.

Gnilka, J. 「마태복음 Ⅰ』. 서울: 한국신학연구소, 1992.

Goldsworthy, G. 『복음과 하나님의 계획』. 김영철 역. 서울: 한국성서유니온선교회, 2004.

Grentz, Stanley J. The moral Quest: Foundations of Christian Ethics, 『기독교 윤리학의 토대와 흐름』. 신원하 역 서울: IVP, 2001.

Hartly, E. John. 『레위기』. 김경열 역. 서울: 솔로몬 출판사, 2006.

Hartly, E. John. 『레위기』. 김경열 역. 서울: 솔로몬 출판사, 2006.

Hopkins, Ezekiel. "십계명의 이해," 『구약논문집』. 윤영탁 역. 서울: 성광문화사, 2001.

James Montgomery Boice and BenJamin E. Sasse(ed.), Here We Stand, 김기찬 역, 『복음주의의 회복과 고백』. 서울: 생명의 말씀사, 1998.

Jeremias, J. 『신약신학』. 정충하 역. 서울: 새순출판사, 1993.

Keller, Timothy J. 『팀 켈러의 정의란 무엇인가』. 최종훈 역. 서울: 두란노, 2017.

Keown, Gerald L. 『성서주석 예레미야Ⅱ』. 정일오 역 서울: 솔로몬, 2014.

Klink, Edward W. & Lockett, Darian R. 『성경신학의 5가지 유형』. 신윤수 역. 서울: 부흥과 개혁사, 2015.

Lalleman Hetty. 『예레미야·예레미야애가』. 유창걸 역.서울: 기독교문서선교회, 2017.

LaSor, William Sanford. 외 2인. 『구약개관』. 박철현 역. 서울: 크리스챤다이제스트, 1997.

_____. "Luke," in New Bible Commentary, 김재영 역.
『IVP 성경주석: 신약』. 서울: 한국기독학생회출판부, 2005.

Matera, Frank J. 『신약윤리학』. 한충식 역. 서울: 기독교문서선교회, 2014.

Murray, John. 『존 머레이 조직신학』. 박명곤 역. 고양: 크리스챤
다이제스트, 2013.

Matera, Frank J. 『신약윤리학』. 한충식 역. 서울: 기독교문서선교회, 2014.

Robert E. Webber. *The Divine Embrace: Recovering the
Passionate Spiritual Life*, 차명호 역, 『하나님의 포용』.
서울: 미션월드, 2007.

Robertson, O. Palmer. 『계약신학과 그리스도』. 김의원 역. 서울:
기독교문서선교회, 2015.

Sailhamer, John H. *The Pentateuch as Narrative: A biblical
Theological Commentary*, 『"서술"로서의 모세오경(하권)』.
정충하 역. 서울: 새순출판사, 1995.

Schilder, Klaas. 『그리스도와 문화』. 손성은 역, 서울: 지평서원, 2017.

Schreiner, Thomas R. 『성경 신학』. 강대훈 역. 서울: 부흥과개혁사, 2016.

Stanley J. Grenz & Roger E. Olson, *20th Century Theology*,
신재구 역, 『20세기신학』. 서울: IVP, 1997.

Turner, David L. 『마태복음』. 배용덕 역. 서울: 부흥과개혁사, 2015.

Trocme, Andre. 『예수와 비폭력 혁명』. 박혜련, 양명수 역. 서울:
한국신학연구소, 1986.

VanDrunen, David M. 『하나님의 두 나라 국민으로 살아가기』.
윤석인 역. 서울: 부흥과개혁사, 2016.

_____. 『자연법과 두 나라』. 김남국 역. 서울: 부흥과개혁사, 2018.

Vos, Geerhardus. 『성경 신학』. 원광연 역. 경기: 크리스챤 다이제스트,

2014.

_____.『구속사와 성경해석』. 이길호, 원광연 역. 경기: 크리스챤 다이제스트, 1998.

Wendland, Heinz-Dietrich.『신약성서의 윤리』. 전경연 역. 서울: 대한기독교출판사, 1997.

Wolters, Albert N.『창조, 타락, 구속』. 양성만 역. 서울: IVP, 1992.

Wendel, Francis.『칼빈 그의 신학사상의 근원과 발전』. 김재성 역 고양: 크리스챤다이제스트, 2011.

Wendel, Francis.『칼빈의 신학서론』. 한국칼빈주의연구원 역. 서울: 기독교문화협회, 1992.

Wright, Christopher J. H.『현대를 위한 구약윤리』. 김재영 역. 서울: 한국기독학생회출판부, 2015.

_____.『구약을 어떻게 설교할 것인가』. 전의우 역. 서울: 한국 성서유니온선교회, 2016.

_____.『에스겔 강해』. 정옥배 역. 서울: 한국기독교학생회출판부, 2016.

_____.『하나님의 선교』. 정옥배/한화룡 역. 서울: 한국기독교학 생회출판부, 2016.

_____.『구약의 빛 아래서 성령님을 아는 지식』. 홍종락 역. 서울: 한국성서유니온선교회, 2011.

_____.『하나님 백성의 선교』. 한화룡 역. 서울: 한국기독학생회출판부, 2015.

Yoder, John Howard.『예수의 정치학』. 신원하/권연경 역. 서울: 한국기독학생회출판부, 2016.

3. 외국도서

Alec Motyer, J. *The Prophecy of Isaiah* Downers Grove: IVP, 1993.

Ashton, J. *Understanding the Fourth Gospel* Oxford: Claredon, 1991.

Barrett, Freedom and Obligation: Astudy of the Epistle to the Galatians Philiadelphia; Westminster, 1985.

Bork, Robert H. "The Hard Truth about America," *The Christian Activist* October 1995: 1.

Brown, R. E. and J. P. Meier, Antioch and Rome: New Testament Cradles of Christianity New York; Paulist, 1982.

Budd, Philip J. *Leviticus.* Grand Rapids: Eerdmans, 1996.

Carson, D. A. *Christ and Culture Revisited* Grand Rapids: Eerdmans, 2008.

Capper, B. J. "The Interpretation of Acts 5.4," JSNT 19, 1983.

Davidson, A. B. The Theology of the Old Testament Edinburgh: T & T Clark, 1911.

Donovan, Oliver O'. *Resurrection and Moral Order: An Outline for Evangelical Ethics* Grand Rapids, MI: Eerdmans, 1986.

Finkel, A. "Jesus Sermon at Narzareth (Luk, 4,16-30)." *In Abraham Unser Vater: Juden und Christen im Gesprach uber die Bibel.* Festschrift fur Ouo Michel zum 60, 1963.

Fitzmyer, J. A, *The Gospel according to Luke (i-ix).*

Anchor Bible 28. Garden City, N. Y.: Doubleday, 1981.

Forsyth, Peter. Taylor. *The Cruciality of the Cross London*:: Independent Press, 1948.

Foster, Richard. *Celebration of Discipline* San Francisco: Harper Collins, 1978.

Gillespie, *Aaron's Rod Blossoming.*

Gottwalt, N. K. *The Tnbles of Yahweh* New York : Orbis Books, 1979.

Gordon, Cyrus H *"Biblical customs and the Nuzi Tablets"*, BA 3. 1940.

Gordon J. Wenham, *The Book of Leviticus.* Grand Rapids: Eerdmans, 1977.

Grentz, *The Moral Quest: Foundations of Christian Ethics*

Guelich, R. A. *The Sermonon the Mount.* Texas: Word Books, 1982.

_____. *Mark 1-8:26*, WBC 34A Dallas: Word, 1989.

Hall, David W. *The Legacy of John Calvin* Phillipsburg: Presbyterian and Reformed Pub., 2008.

Hans, Ucko. ed., *The Jubilee Challenge: Utopia or Possibility: Jewish and Christian Insights Geneva*: WCC Publications, 1997.

Hauerwas, Stanley. *The Peaceable Kingdom: A Primer in Christian Ethics* Notre Dame, Ind: University of Notre Dame Press, 1983.

Harrison, R. K. *TDOT.*

Henry, Carl F. H. *The God Who Show Himself* Waco, Tex: World, 1966.

_____. *Christian Personal Ethics* Grand Rapids MI: Baker Book House, 1977.

Hodge, A. A. *The Outline of Theology, ed, William H. Goold* London: T. Nelson and Sons, 1870.

Hoekema, Anthony A. *"The Covenant of Grace in Calvin's Teaching."* Calvin Theological Journal 2/2 1967.

_____. "The Attributes of God: The Communicable Attributes," in Basic Christian Doctrines, ed. Carl F. H. Henry Grand Rapids, Mich.: Baker Book House, 1971.

Johnson, Luke. Timothy. *The Literary Function of Possession Luke-Acts.* Missoula, Montomer: Scholars Press, 1977.

Kaiser, Walter C. Jr. *Toward Old Testament Ethics* Zondervan Publishing House, MI: 1983.

Kingsbury, J. D. *Matthew as story* Philadelphia : Fortress Press, 1986.

Kuyper, A. *Het Werk Van den Heiligen Geest, Tweede deel* Amsterdam. J. A. Wormser, 1888.

Lillback, The Binding of God

Murray, John. *Principles of Conduct* Grand Rapids: Eerdmans, 1957.

Marshall, I. H. *Gospel of Luke. A Commentary on the Greek*

Text New International Greek Testament Commentary, 1978.

Meek, James "Toward A Biblical Typology" Th. M. Thesis in Westminster Theological Seminary, 1981.

Morgenstern, Julian. "Book of the Covenant":, *HUCA* 7. 1930. "The Calender of the Book of jubilees, Its Origin and Its Character," VTS. 1995.

Myers, Ken. *"Christianity, Culture, and Common Grace,"* 43. May 31, 2010.

North, R. *Sociology Of the Biblical Jubilee, Anbib 4.* Rome : Pontifical Biblical Institute, 1954.

Orlinsky, Harry M. "The Biblical Concept of the Land of Israel: Cornerstone of the Covenant between God and Israel." In L. A.Huffman (ed.), *The Land of Israel: Jewish Perspectives.* Notre Dame: Notre Dame University Press, 1986.

Perrot, C. "Luc 4,16-30 et la Lecture Biblique de l Ancienne Synagogue." Revue des Sciences Religineuses 47, 1973.

Pilgrim, W. E. "Good News to the Poor": *Wealth and Poverty in Luke-Acts.* Minneapolis: Augsburg, 1981.

Porter, M. E. and M. R. Kramer. "The Big Idea: *Creating Shared Value: Harvard Business Review. 89.* Jan/Feb 2011.

R. Albert Mohler Jr. *"The Integrity of the Evangelical*

Tradition and the Challenge of the Post modem *Paradigm,*" in the Challenge of the Postmodernism: An Evangelical Engagement, ed. David S. Dockery Wheaton, Ⅶ, : Bridge point, 1995.

Rad, G. Von. *The Problem of the Hexateuch* 1966.

Reid, W. Stanford ed., John Calvin: *His Influence in the Western World* Grand Rapids: Zondervan, 1982.

Rooker, Mark F. *Leviticus.* New York: Broadman & Holman, 2000.

Stott, John R. W. *Christian and Mission* Downers Grove: IVP, 1979.

Strecker, G. *"Autonome Sittlichkeit und das Proprium der christlichen Ethik bei Paulus,"* Theologische Literaturzeitung 104 1979.

Sun-Jong Kim, "Les enjeux theologiques des beneficiaires de l'annee sabbatique (Lev 25,6-7)," ZAW 122 2010.

Udo, Schnelle. *Einleitung in das Neue Testament,* UTB 1830 Gottingen :V. & R., 2002.

Wayne. Douglas, Litke, "Luke's Knowledge of the septuagint: a study of the Citations in luke-Acts," Ph.D. diss., McMaster University, 1993.

Weinfeld, M. *Deuteronomy and the Deuteronomic School.* Oxford: Clarendon, 1972.

Wellhausen, J. Prolegomena to the History of Israel. Atlanta: Scholars Press, 1994.

4. 학술논문

강사문. "구약학회 / 광복 50 주년 (1995) 에 대한 희년법적 적용 문제." 『한국기독교신학논총』 1호 (1995): 47-82.

곽철호. "이사야 61:1-2의 영향사와 예수님의 나사렛 회당 선포 (누가복음 4:18-19), 그리고 그리스도인에게 미치는 효과." 『성침논단』 10호 (2013): 5-34.

고영은. "희년의 경제윤리 관점에서 본 남북한 경제협력." 『신학과 목회』 43호 (2015): 171-97.

권혁승. "희년의 성서적 의미." 『활천』 501호 (1995): 44-49.

김기준. "희생제와 서원의 규례 (민수기 28-30장)." 『성경대로 믿는 사람들』 8호 (2012): 82-88.

김경재. "희년공동체의 열린 영성." 『신학연구』 39호 (1998): 25-54.

김경재. "한국신학의 태동과 흐름," 『기독교사상』 (2002년 2월호)

김대옥. "하나님나라 도래 현실로서 예수가 선포한 희년의 특징고찰." 『신학지평』 174호 (2016): 1-38.

김대영. "사회영향채권과 희년경제의 해법." 『오이코노모스』 2호 (2016): 47-78.

김명수. "예수의 희년설교에 대한 생태윤리적 고찰." 『신학과 사회』 1호 (2010): 45-70.

_____. "예수의 희년설교와 생태윤리." 『기독교언어문화논집』 12호 (2008): 1-12.

김명호. "레위기 25:8~55의 해방신학 비판." 『광신논단』 1호 (1994): 199-213.

김병하. "성경적 희년 규례 요소와 희년주기."『개혁신학』14호 (2010): 39-50.

김선종. "레위기 25장의 형성 : 안식년과 희년의 연속성과 불연속성."『장신논단』40호 (2011): 95-117.

_____. "토라! 율법인가, 이야기인가? : 레위기 25장의 안식년 규정을 중심으로."『신학논단』64호 (2011): 7-28.

_____. "성결 법전의 계약 신학."『Canon&Culture』1호 (2014): 195-222.

_____. "성결 법전의 땅."『성서학 학술세미나』10호 (2010): 1-18.

김영한. "21세기 복음주의 신학 어디로 가야 할 것인가?",『성경과 신학』제 39권 (2006, 4월)

김애영. "통일희년운동과 하나님의 통치."『한국여성신학』10호 (1992): 18-30.

김유준. "크리소스토무스의 경제 사상 연구."『신학 사상』173호 (2016): 171-98.

김의환. "칼빈의 사회관,"『신학지남』38권 (1971년 겨울호), 75-84

김의환. "구Princeton 신학이 총신에 끼친 영향과 평가,"『100년 총신신학의 회고와 전망』개교 100주년 기념 학술세미나 자료집 (서울: 총신대학교, 2001)

김이곤. "희년법의 현대적 의미."『구약성서의 고난신학』,「한국신학논집」11호 (2001): 547-70.

김정우. "구약 율법과 신약 윤리의 연속성과 불연속성,"『신학지남』58권 (1991): 9-41.

김재준. 『새사람』 제11권(1946년 11월호)

김지은. "구약성서에 나타난 기업으로서의 땅 개념 연구." 『구약논단』 9호 (2000): 215-34.

김지철. "예수의 은혜의 해(희년)선포." 『교회와 신학』 23호 (1991):

김환희. "지금 여기에서 '희년'을 꿈꾸다." 『이제 여기 그 너머』 9호 (2016): 33-41.

김호현. "희년정신과 평화의 선포." 『논문집』 17호 (1997): 529-52.

김회권. "구약성서의 희년사상과 사회윤리적 함의." 『신학논총』 127호 (2004): 131-66.

김희수. "기독교윤리와 성경." 『기독교사회윤리』 4호 (2002): 131-167.

노영상. "희년법의 기독교 사회 윤리적 의미와 희년정신의 목회적 실천에 관한 연구." 『장신논단』 36호 (2009): 148-78.

랄프 힐렐. "복음주의 신학의 미래와 21세기 교회에서의 그 선교적 도전들", 『성경과 신학』 제 39권 (2006, 4월)

민영진. "희년과 해방 선포," 『기독교 사상』 368(1989)

방석종. "구약에 나타난 희년법의 의미." 『신학과 세계』 30호 (1995): 5-19.

박승탁. "희년의 기독교 윤리적 의미에 나타난 교회사회복지 실천." 『신학과 목회』 44호 (2015): 249-75.

박승탁. "희년에 나타난 기독교 사회복지사상의 현대적 의미." 『신학과 목회』 39호 (2013): 303-30.

박창수. "민주주의와 토지평등권." 『새 가정』 691호 (2016): 20-24.

박창환. "해방자 그리스도 : 누가복음 4장 14~21절." 『설교자를 위한 성경연구』 2호 (2004): 29-44.

박흥순. "누가복음의 안식일 논쟁단락을 중심으로." 『신앙과 학문』

1호 (2008): 81-111.

배정훈. "포로이해를 통해 본 예언서의 리더십 : 대예언서를 중심
　　　으로." 『구약논단』 3호 (2016): 168-95.

＿＿＿. "희년서의 아브라함 전승." 『구약논단』 4호, (2008): 67-84.

서용원. "누가복음의 안식사상과 예수의 희년선포." 『인문논총』 15호
　　　(2000):

신국원. "칼빈주의와 공공의 신학: 다원주의 사회 내의 개혁주의
　　　사회-문화철학의 비전," 『개혁논총』 제12권 (2009)

양미강. "희년의 해에 털어버려야 할 교회의 모습들." 『한국여성신학』
　　　22호 (1995): 57-62.

안병무. "성서의 희년사상, 그 가능성과 한계." 『신학지평』 87호
　　　(1994): 7-30.

＿＿＿. "희년선포와 통일헌법." 『신학 사상』 76호 (1992): 162-72.

오원근. "창세기와 희년서의 아브라함 상 비교." 『구약논단』 4호
　　　(2008): 52-66.

유종관. "희년의 등불을 밝히소서." 『통일세계』 6호 (2004): 18-19.

윤길복. "사회과학적개념, 개념적은유, 사회과개념학습." 『사회과
　　　교육연구』 19호 (2012년): 27-43.

윤영택. "모세율법과 오경의 신학." 『신학정론』 1호 (2005): 9-41.

이경숙. "기쁨과 은총의 해, 희년의 성서적 의의." 『신학논총』 87호
　　　(1994): 31-52.

이대환. "희년사상과 지대공수론." 『통합연구』 2호 (1990): 81-100.

이미숙. "요시야 왕의 죽음과 역대하 36장." 『구약논단』 4호
　　　(2015): 134-66.

이민규. "누가의 이사야 인용(눅 4:18)을 통해 본 나사렛 선언에

대한 연구." 『성경과 신학』 54호 (2010): 65-92.

이성민. "예수님의 나사렛 회당 설교 연구." 『신학과 실천』 27호 (2011): 153-84.

이성우. "희년의 창조론적 의미와 그리스도론적 이해." 『사목』 6호 (1999): 18-29.

이윤경. "창세기 22장 1-19절의 문학적 주제는 무엇인가? : 『희년서』 및 4Q225문서와 상호교차 연구." 『문학과 종교』 2호 (2010): 41-58.

이은경. "희년법의 디아코니아 적용 가능성 연구." 『신학과 선교』 36호 (2010): 1-17.

이종근. "히브리 성서의 희년과 메소포타미아의 미샤룸 제도." 『구약논단』 1호 (1995): 75-90.

임용섭. "희년법의 구속사적 의의를 통해 본 구약과 신약의 연계성." 『개혁논총』 21호 (2012): 135-65.

임태수. "구약의 제의제도 연구 : 레위기를 중심으로." 『연세대학교 목회자 하기 신학세미나 강의집』 7호 (1987): 123-33.

_____. "희년의 의미와 그 현대적 적용." 『기독교사상』 35호 (1991), 124.

장석정. "땅과 이스라엘." 『대학과 선교』 23호 (2012): 9-36.

장석조. "누가복음 4:16~30의 문맥적 의미가 한국교회에 주는 의의." 『성경신학저널』 2호 (2010): 93-122.

장인수. "누가복음의 은혜의 해에 대한 역사적 신학적 연구 II-1 (누가복음 4:16-30 중심으로)." 『성경과 고고학』 93호 (2017): 58-85.

장영일. "노예 해방법의 전승사 연구(출 21 : 2-6; 신 15 : 12-18; 레 25 : 29-46)." 『성서학 연구원 심포지움』 11

호 (1996): 1-36.

장정혁. "뜻으로 본 성서-2 희년은 끝났는가." 『갈라진 시대의 기쁜소식』 470호, (2001): 10-11.

장흥길. "신약성서윤리의 신학적 근거." 『장신논단』 13호 (1997): 69-92.

정석규. "신명기서에 나타난 십일조 규례에 대한 연구 : 신명기 14:22~29을 중심으로." 『한영논총』 13호 (2009): 11-33.

정성구. "한국장로교회의 자화상과 미래," 『신학지남』 230호 (1991년 겨울호)

정종성. "동학농민혁명과 복음서에 나타난 "빚탕감"에 대한 연구." 『신약연구』 2호 (2014): 270-305.

정중호. "한국 토지 개혁과 희년 실시 방안." 『장신논단』 2호 (2014): 335-60.

조명기. "쿰란 공동체의 예정론." 『신학 사상』 139호 (2007): 35-64.

조현철. "희년 정신에서 본 예수 공생활의 생태적 의의: 누가복음 4:16-21을 중심으로." 『신학사상』 142호 (2008): 127-57.

천영숙. "희년의 의미에 관한 윤리적인 고찰." 『교수논문집』 3호 (1999): 35-62.

채홍식. "해방, 면제 그리고 희년," 『기독교 사상논단』 1(1999)

최영실. "'기쁨의 해'는 오지 않을 것인가." 『한국여성신학』 19호 (1994): 6-15.

_____. "신약성서적 관점에서 본 희년의 성취-루가복음 기자의 보도를 중심하여." 『신학지평』 72호 (1991): 5-34.

최우혁. "구약성서에 나타난 희년의 사회경제적 조명." 『한국여성신학』 1호 (1990): 17-19.

최종호. "안식일에 대한 신학적 성찰."『신학 사상』143호 (2008): 137-65.

크로스텔만, 넬슨 D. "The Use of Scripture in Christian Ethics: A Sampling of Options,"『대신대학교 신학대학원 추계학술세미나』(2007년, 6월)

황봉환. "성경적 관점에서 본 토지 취득과 소유 그리고 분배와 활용에 관한 연구."『로고스경영연구』8호 (2010년): 107-24.

_____. "한국 개혁주의 교회의 비신앙적 현상에 대한 신학과 윤리적 과제,"『개혁논총』15호 (2010)

_____. "복음주의 윤리학의 정체성과 실천적과제,"『성경과 신학』 47호 (2008): 180-208.

한성기. "기독교적 관점의 경제윤리."『신학지평』27호 (2014): 63-88.

5. 학위 논문

김수연. "누가복음의 인식 모티프" 박사학위논문: 장로회신학대학교 대학원, 2015.

김정태. "누가행전에 나타난 하나님나라 이해." 석사학위논문: 총신대학대학원, 1994.

김홍식. "제3이사야의 희년 선포에 대한 연구 : 이사야 61:1-3을 중심으로." 석사학위논문: 대구가톨릭대학교대학원, 2017.

고현민. "구약성서 희년 이해와 그 현대적 적용." 석사학위논문: 한일장신대학교, 2012.

박동근. "칼빈주의 언약과 구원론 속에 표명된 율법의 연속성 연구." 석사학위논문: 합동신학대학원대학교, 2004.

이경원. "제사장 토지 소유의 변천과 이상적 대안에 관한 연구." 박사학위논문: 계명대학교대학원, 2015.

이지연. "희년제도의 의미와 그 현대적 적용에 대한 비판." 석사학위논문: 안양대학교 신학대학원, 2008.

이장연. "누가복음 4장 16-30절에 나타난 성령의 구원사역에 대한 연구." 박사학위논문: 칼빈대학교 대학원, 2010.

이창원. "누가복음의 희년 모티프 연구." 박사학위논문: 호서대학교 연합신학전문대학원, 2008.

이효재. "안식과 노동에 대한 연구 : 오경의 안식일 계명을 중심으로." 박사학위논문: 숭실대학교대학원, 2017.

장승현. "누가복음 4:16~30에 나타난 예수의 나사렛 방문사건 연구." 박사학위논문: 호서대학교 연합신학전문대학원, 2010.

차경석. "오경에 나타난 종의 방면에 관한 연구 : 레위기 25장의 희년법을 중심으로." 석사학위논문: 성결대학교 신학전문대학원, 2011.

허에스더. "자본주의 사회에서의 성경적 경제윤리 : 눅 4:16-21에 나타난 희년사상을 중심으로." 석사학위논문: 총신대학교신학대학원, 2009.

허성찬. "희년 성취로서의 성령사역 연구 : 눅 4:16-21을 중심으로." 석사학위논문: 베뢰아대학원대학교, 2005.

홍성철. "희년사상과 그 현대적 적용." 석사학위논문: 고신대학 신학대학원, 1991.

수원 그리스도의 교회

Suwon Church Of Christ

하나님은 영이시니 예배하는 자가 신령과 진리로 예배할 찌니라
(요4:24)

오늘의 말씀

* 섬기는 이들

담임목사: 장 재 명
권　　사: 윤 명 순
목　　사: 장 동 철
반　　주: 장 동 철
권　　사: 성 매 자
권　　사: 장 영 화

※ 헌금은 오실 때 가실 때 불우이웃을 위하여 사용하셔도 좋습니다.
주소 : 경기도 수원시 장안구 팔달로 292번길 15-10(영화동) 2층

예배 순서

2023. 11. 19. 오전 11:00

인　　도 ……………………………………… 장동철 목사

예배 성경 ……………… (요4:24) ……………… 인도자
※ 묵　　도 …………………………………… 인도자
※ 찬　　송 ……………… 548장 ………… 주기도문 인도자
※ 성시교독·시편 1편 ……………………… 인도자
※ 신앙고백 …………………………………… 인도자
　시작기도 …………………………………… 인도자
　찬　　송 ……………… 1장 ……………… 인도자
　성경봉독 …………………………… 윤명순 당회장
　특별찬송 ……………… 499장 ……………… 인도자
　설　　교 …………………………… 장재명 담임목사
　찬　　송 ……………… 427장 ……………… 인도자
　성 찬 사 ……… 고전11장:23-32 ……… 인도자
　성찬기도 …………………………………… 인도자
　성 찬 송 ……………… 281장 ……………… 인도자
※ 특　　송 ……………… 259장 ……………… 인도자
　헌금 기도 ………………………… 윤명순 당회장
　교회 소식 …………………………………… 인도자
　중보기도 ………………………… 윤명순 당회장
※ 폐회찬송 ……………… 545장 ……………… 인도자
※ 축　　도 …………………………… 장재명 담임목사
　☞ ※ 표는 일어서서

하늘에 계신(주기도문) 635

하늘에 계신 우리 아버지여
(마 6:9~13)

THE LORD'S PRAYER : IRREG.
A. H. Malotte
Arr. by Jae Eun Ha

주기도송

하 늘 에 계신아버지 이름거룩하사 주님나

라 임하시고 뜻이 이루어 지 이 다

일용할양 식 주시고우리 들의큰 죄 다 용서하옵 시고또

시험에들게마시고 악에 서구원하 소서대 개 주의나라 주의

권세 주의 영광 영원 히 아 멘

성만찬

고린도전서 11:23~32

23. 내가 너희에게 전한 것은 주께 받은 것이니 곧 주 예수께서 잡히시던 밤에 떡을 가지사
24. 축사하시고 떼어 이르시되 이것은 너희를 위하는 내 몸이니 이것을 행하여 나를 기념하라 하시고
25. 식후에 또한 그와 같이 잔을 가지시고 이르시되 이 잔은 내 피로 세운 새 언약이니 이것을 행하여 마실 때마다 나를 기념하라 하셨으니
26. 너희가 이 떡을 먹으며 이 잔을 마실 때마다 주의 죽으심을 그가 오실 때까지 전하는 것이니라
27. 그러므로 누구든지 주의 떡이나 잔을 합당하지 않게 먹고 마시는 자는 주의 몸과 피에 대하여 죄를 짓는 것이니라
28. 사람이 자기를 살피고 그 후에야 이 떡을 먹고 이 잔을 마실지니
29. 주의 몸을 분별하지 못하고 먹고 마시는 자는 자기의 죄를 먹고 마시는 것이니라
30. 그러므로 너희 중에 약한 자와 병든 자가 많고 잠자는 자도 적지 아니하니
31. 우리가 우리를 살폈으면 판단을 받지 아니하려니와
32. 우리가 판단을 받는 것은 주께 징계를 받는 것이니 이는 우리로 세상과 함께 정죄함을 받지 않게 하려 하심이라

제목: 우리는 예수님 안에서 승리하는 삶을 삽니다.

성경구절: 전도서 4:7~12

전도서 4:7~12

7. 내가 또 다시 해 아래에서 헛된 것을 보았도다

8. 어떤 사람은 아들도 없고 형제도 없이 홀로 있으나 그의 모든 수고에는 끝이 없도다 또 비록 그의 눈은 부요를 족하게 여기지 아니하면서 이르기를 내가 누구를 위하여는 이같이 수고하고 나를 위하여는 행복을 누리지 못하게 하는가 하여도 이것도 헛되어 불행한 노고로다

9. 두 사람이 한 사람보다 나음은 그들이 수고함으로 좋은 상을 얻을 것임이라

10. 혹시 그들이 넘어지면 하나가 그 동무를 붙들어 일으키려니와 홀로 있어 넘어지고 붙들어 일으킬 자가 없는 자에게는 화가 있으리라

11. 또 두 사람이 함께 누우면 따뜻하거니와 한 사람이면 어찌 따뜻하랴

12. 한 사람이면 패하겠거니와 두 사람이면 맞설 수 있나니 세 겹줄은 쉽게 끊어지지 아니하느니라 -아멘

디모데후서 2장 18-22절

18. 진리에 관하여는 그들이 그릇되었도다 부활이 이미 지나갔다 함으로 어떤 사람들의 믿음을 무너뜨리느니라

19. 그러나 하나님의 견고한 터는 섰으니 인침이 있어 일렀으되

주께서 자기 백성을 아신다 하며 또 주의 이름을 부르는 자마다 불의에서 떠날지어다 하였느니라

20. 큰 집에는 금 그릇과 은 그릇뿐 아니라 나무 그릇과 질그릇도 있어 귀하게 쓰는 것도 있고 천하게 쓰는 것도 있나니

21. 그러므로 누구든지 이런 것에서 자기를 깨끗하게 하면 귀히 쓰는 그릇이 되어 거룩하고 주인의 쓰심에 합당하며 모든 선한 일에 준비함이 되리라

22. 또한 너는 청년의 정욕을 피하고 주를 깨끗한 마음으로 부르는 자들과 함께 의와 믿음과 사랑과 화평을 따르라 -아멘

서 론

☞ 세상을 살아가는 동안 돈보다 더 중요한 것들이 많이 있다는 것을 깨닫게 합니다.

우리의 삶은 어떠합니까? 돈의 멍에가 되어 살지 말고, 돈의 유혹에 빠지지도 말고, 돈보다 더 가치 있는 것에 집중하며 살아가는 우리가 되어야 합니다.

돈을 사랑하기보다 여호와 하나님을 사랑하며, 정직한 마음으로 끝까지 믿음 생활에 승리하여야 합니다.

전도서 4:7~12절에서 솔로몬은 불의함으로 가득 찬 사회의 모습을 말합니다. 이는 인생의 허무함이 개인적인 것만이 아니라 인간이 만든 사회와 구조, 모든 것에도 있음을 알게 합니다. 남을 속이기를 일삼는 자가 매사에 열심히 있는 자보다 더 큰 이익을 얻기도 합니다. 그래서 참된 만족과 평안을 얻는 삶은 찾아보기 힘들기도 합니다.

날 때부터 권력과 부귀를 보장받은 자가 있고, 반면에 어떤 이는 피지배자로 태어나서 살아갑니다. 솔로몬은 인간사의 모든 것이 허무하며 참된 만족을 얻을 수 없다고 선언하고 있습니다. 그러면 예수님 안에서 승리하는 삶이 어떠한 것이 있는지 함께 살펴보겠습니다.

1. 한 사람의 수고(전도서 4:7-8)

그리스도 안에서 새 생명을 얻고 살아가는 우리는 해 아래에서 어떠한 지혜를 가지고 살아가야 하는가?

우리는 믿음의 사람들로서 세상을 잘 분별하는 지혜를 가지고, 주님을 잘 섬기며 영혼의 만족함을 얻는 삶을 살아가야 합니다. 세상에 있는 것들은 영원할 것처럼 보이지만 대부분 사라지고 맙니다.

솔로몬은 자신이 해 아래에서 헛된 것을 보았다고 고백합니다.

전도서 4:7절에 "내가 또다시 해 아래에서 헛된 것을 보았도다."

여기서 '헛된 것'은 개인의 무력함을 가리키거나 죄 된 삶의 무의미함, 삶의 짧고 공허함을 가리키기도 합니다. 솔로몬은 인간들의 삶을 볼 때 무의미하기도 하며 짧고 공허하기도 하다고 말한 것입니다.

그렇습니다. 우리의 삶은 길게 보이지만 정말 짧고, 예수 그리스도를 좇지 않고 다른 것들을 좇는다면 그의 삶은 공허함 그 자체일 것입니다. 뿐만 아니라, 이 땅에서 살아가는 사람이라면 누구나 수고하는 삶을 살게 됨을 기억해야 합니다.

전도서 4:8절에 "어떤 사람은 아들도 없고 형제도 없이 홀로 있으나 그의 모든 수고에는 끝이 없도다 또 비록 그의 눈은 부요를 족하게 여기지 아니하면서 이르기를 내가 누구를 위하여는 이같이 수고하고 나를 위하여는 행복을 누리지 못하게 하는가 하여도 이것도 헛되어 불행한 노고로다."

이 땅에서는 모두가 수고해야 하며, 결국은 모두가 세상을 떠나야만 함을 우리는 깨달아야 합니다. 세상에서의 수고가 있음을 인정하며, 늘 감사함으로 주님을 잘 섬기며 영혼의 만족함을 얻는 삶을 살아가야 합니다.

2. 두 사람이 한 사람보다 나음(전도서 4:9-10)

솔로몬은 두 사람이 한 사람보다 나음을 고백합니다.

전도서 4:9절에 "두 사람이 한 사람보다 나음은 그들이 수고함으로 좋은 상을 얻을 것임이라."

여기서 '상'은 어떤 사람의 노동력을 고용하여 지불되는 대가를 가리킵니다.

여기서는 두 사람이 함께 수고하면 한 사람이 일하는 것보다 더 나은 임금을 받을 것이라는 의미입니다.

그렇습니다. 혼자서 애쓰는 것보다 둘이서 함께 할 때 좋은 성과가 있고, 좋은 보상도 받게 되는 것입니다.

뿐만 아니라, 서로에게 좋은 친구가 되어 하나님께서 주신 사명을 잘 감당하기를 소망합니다.

전도서 4:10절에 "혹시 그들이 넘어지면 하나가 그 동무를 붙들어 일으키려니와 홀로 있어 넘어지고 붙들어 일으킬 자가 없는 자에게는 화가 있으리라." 혼자가 아니라 함께 믿음의 길을 걸어가는 우리가 되어야 할 것입니다.

구약성경에는 다윗과 요나단의 우정 이야기가 기록되어 있습니다.

사울은 다윗을 죽이려고 했으나 아들이자 다윗의 친구인 요나단은 다윗에게 용기를 줍니다.

삼상 23:16절에 "사울의 아들 요나단이 일어나 수풀에 들어가서 다윗에게 이르러 그로 하나님을 힘있게 의지하게 하였는데."

다윗이 십 광야 수풀에 있을 때 요나단은 다윗에게 두려워 말라 말하고, 친구 다윗이 왕이 되며 자기는 다음이 될 것을 아버지도 안다

고 말하며 그에게 용기를 준 것입니다. 우리 또한 서로 좋은 믿음의
친구가 되어 서로에게 힘을 주고, 맡겨진 사명을 잘 감당할 수 있기
를 위해 함께 기도하는 삶을 살아가야 할 것입니다.

3. 세 겹줄은 끊어지지 않음(전도서 4:11-12)

우리는 혼자가 아무리 강할지라도 약한 자의 연합보다는 약함을
기억해야 합니다.

전도서 4:11절에 "또 두 사람이 함께 누우면 따뜻하거니와 한 사
람이면 어찌 따뜻하랴."

난방도 되지 않는 방에 혼자 누워있으면 춥겠지만, 두 사람이 함께
누우면 따뜻하게 잘 수 있음을 기억해야 합니다. 우리는 혼자가 아닌
함께하는 삶을 살아가야 할 것입니다. 연합의 힘이 위대함을 마음 깊
이 새겨야 합니다.

전도서 4:12절에 "한 사람이면 패하겠거니와 두 사람이면 맞설 수
있나니 세 겹줄은 쉽게 끊어지지 아니하느니라."

여기서는 삼겹으로 묶은 줄의 단단한 결속력을 비유적으로 묘사하
고 있습니다. 영적 전투가 일어나는 상황 가운데서도 한 사람보다는
두 사람이, 두 사람보다는 세 사람이 강한 전투를 해낼 수 있을 것입
니다. 믿음의 삶을 살아가면서 겪게 되는 어려움이 있다면 그 상황을
함께 나누고 기도하여, 넘을 수 없어 보이는 장애물도 능히 돌파하는
우리가 되기를 바랍니다.

하지만, 아직도 예수님을 삶의 주인으로 모시어 들이지 않는 분들
이 있다면 있는 모습 그대로 주님 앞에 나아오시기를 바랍니다.

자신에게 큰 죄, 작은 죄, 어떠한 죄가 있다면 그 죄의 본성을 가진 인간은 모두 전적 부패한 존재임을 깨달아야 합니다.

그러므로 우리는 원죄를 사하실 능력이 있으신 예수님 앞에 나아와야 합니다. 우리는 자기 뜻대로 살아갔던 과거의 삶을 회개해야 합니다.

하나님은 죄인들이 예수 십자가의 보혈로 깨끗이 씻음을 받아 새로운 삶을 살아가기를 원하고 계심을 깨닫고, 자신이 주인이었던 삶을 회개하며 마음의 중심에 예수 그리스도를 영접하기를 소망합니다.

성령으로 연합하여 평안함 가운데 거하는 우리가 되기를 기도한다. 세 겹줄이 끊어지지 않음을 기억하며 늘 사랑으로 하나가 되어 영적 전투에 승리하고, 믿음으로 주의 사역을 잘 감당하는 우리 모두가 되시기를 예수님의 이름으로 축복합니다.

결 론

짧은 인생을 살아가는 동안 세상의 것들을 좇아 정신없이 살아가지 말고, 주님께 먼저 나아와 마음의 쉼을 얻고, 성령 안에서 연합한 삶을 살아가는 우리가 되기를 바랍니다. 예수 그리스도 안에 참 쉼이 있음을 알고, 늘 성령님과 동행하며 믿음의 길을 걸어가는 우리가 되기를 소망합니다.

세상에서의 수고가 있음을 인정하며, 늘 감사함으로 주님을 잘 섬기며 영혼의 만족함을 얻는 삶을 살아가는 자! 믿음의 사람들로서 형제, 자매에게 사랑으로 대하며, 서로 돕는 자가 되어 믿음으로 승리하는 자! 세 겹줄이 끊어지지 않음을 기억하며 늘 사랑으로 하나가 되어 영적 전투에 승리하고, 믿음으로 주의 사역을 잘 감당하는 자!

이러한 삶을 살아가는 우리 모두가 되시기를 예수님의 이름으로 축복합니다. - 아멘♥ -

기도 : 하나님 아버지 우리가 죄인임을 깨닫고 나를 위해 죽으신 예수 십자가의 피로 죄를 용서받아, 예수님을 나의 주인으로 받아들일 때 예수 그리스도 안에서 새로운 피조물이 되어 천국 백성의 삶을 살게 됨을 믿고, 우리를 사랑하시는 예수님 이름으로 기도합니다. - 아멘 - ✝